INVENTAIRE
V 3951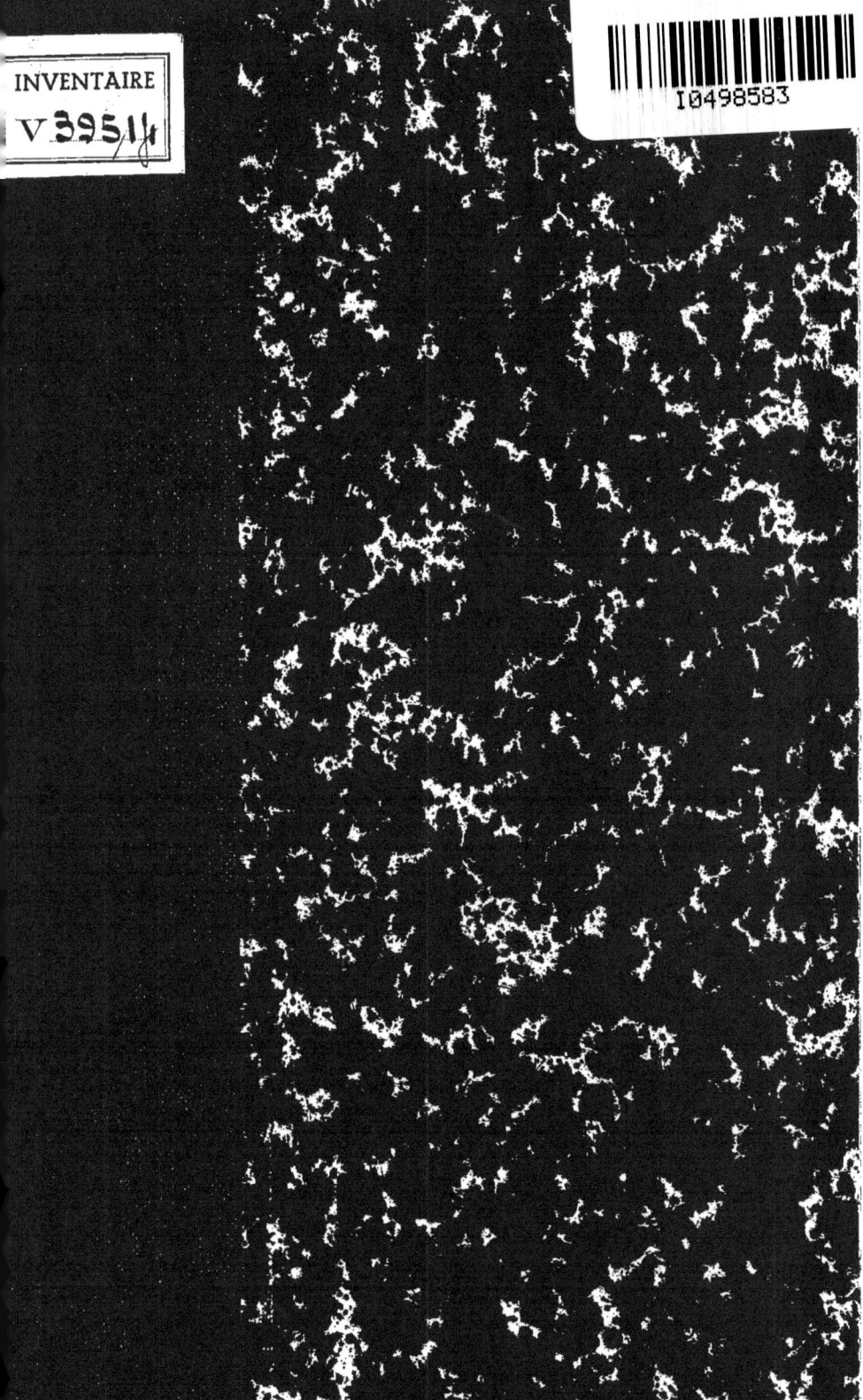

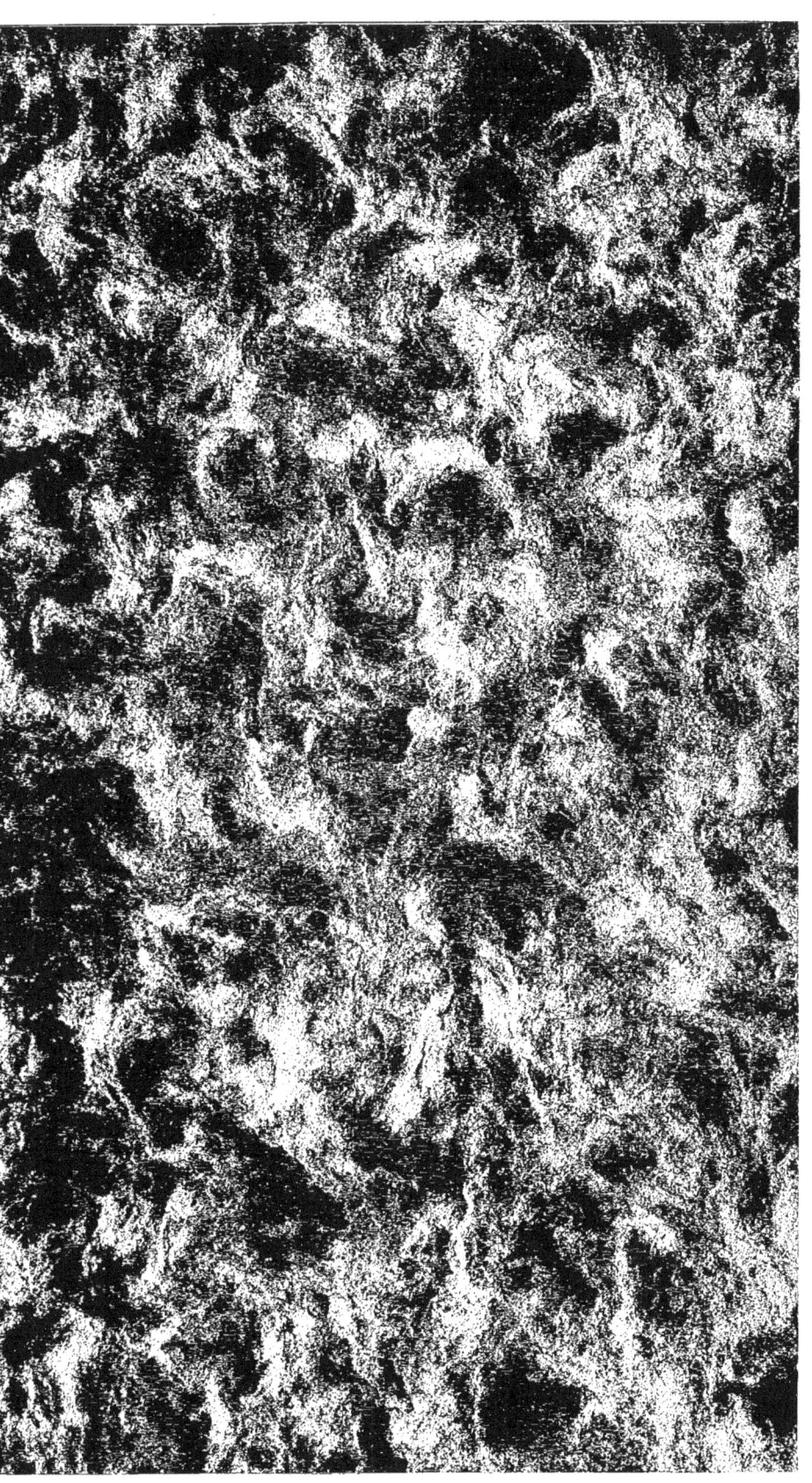

HENRY FOUQUIER

ÉTUDES
ARTISTIQUES

Lettres sur le Salon de 1859

Les Artistes Marseillais au Salon de 1859

L'Œuvre d'Ary Scheffer

Velasquez au Musée de Madrid

MARSEILLE
TYPOGRAPHIE ET LITHOGRAPHIE ARNAUD ET COMP^e,
Rue Cannebière, n° 10.

1859

ÉTUDES ARTISTIQUES

(C)

HENRY FOUQUIER

ÉTUDES
ARTISTIQUES

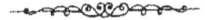

Lettres sur le Salon de 1859

Les Artistes Marseillais au Salon de 1859

L'Œuvre d'Ary Scheffer

Velasquez au Musée de Madrid

MARSEILLE
TYPOGRAPHIE ET LITHOGRAPHIE ARNAUD ET COMPᵉ,
Rue Cannebière, n° 10.

1859

ÉTUDES ARTISTIQUES

LETTRES SUR LE SALON DE 1859.

(Extrait de la **Tribune Artistique et Littéraire du Midi**.)

I

Mon cher Chaumelin, n'ayez crainte en me voyant disposé à vous entretenir de quatre mille objets d'art. Mon intention n'est pas de décrire minutieusement des tableaux, mais plutôt d'étudier, d'une manière générale, où en est arrivé chaque genre de peinture, et de signaler les progrès ou les décadences inouïes que le Salon de cette année nous offre chez certains artistes : spectacle plus affligeant que joyeux pour les amis de l'art !

Peinture Religieuse. — Ce n'est pas une plume que je voudrais pour rendre compte de la peinture religieuse, mais bien un crayon ; et si j'avais celui de Cham ou de Nadar, je vous égaierais pour lontemps. Quelle débauche d'absurdités ! Le dessin violé jusque dans ses principes élémentaires, la couleur réduite à l'enluminure, la composition absente : voilà le bilan de la plupart des peintures religieuses.

Il y a deux façons bien distinctes de comprendre la peinture religieuse, c'est-à-dire — pour adopter la définition que l'usage nous en apprend, — cette peinture qui s'attache à reproduire les traits principaux de la vie du Christ ou des Saints.

L'artiste, illuminé par la foi, peut chercher à faire de son œuvre un plaidoyer religieux. Il nous montrera le Christ sur la croix, et le fera si grand, si calme dans la souffrance, que l'on s'écriera : « Voilà un Dieu! » Il nous montrera la vierge Marie, si chastement mère, que l'on dira avec l'Eglise : « Elle a conçu sans péché. » Il poursuivra sans cesse l'idéal.

S'il n'est pas croyant, il cherchera l'histoire sous la légende : au lieu du Christ dogmatique, il nous donnera le Christ réel ; au lieu du Dieu, le réformateur ; il cherchera la beauté, mais seulement la beauté humaine. Il s'appliquera à retrouver les costumes vrais. Il fera ce que l'on appelle de la couleur locale. Sa Vierge ne sera plus une sainte, mais une admirable mère. Il cherchera sans cesse la vérité.

De tous les peintres modernes, M. Flandrin est, pour nous, celui qui s'est le plus élevé dans la première voie ; M. Delacroix celui qui s'est le plus avancé dans la seconde.

Les autres peintres religieux, — je parle de ceux qui ont exposé au Salon, — sont restés fidèles à ce sentier que l'on nomme la tradition, compromis équivoque entre toutes les croyances, cause de mort pour la peinture religieuse. Il faut le dire, d'ailleurs, pour les excuser, leurs œuvres sont presque toujours des commandes, et ils seraient peut-être mal venus à faire autrement que leurs devanciers.

Les plus grands peintres religieux du monde ont été, selon nous, les premiers. Ils ont peint avec la foi ; leurs œuvres, malgré les étrangetés du dessin, ont une allure naïve qui charme. Plus tard, lorsque la foi n'était plus au cœur des artistes, mais lorsque le catholicisme régnait en réalité sur la terre, l'art religieux a pris avec Raphael un développement immense, quoique d'un caractère différent. Depuis, la peinture religieuse est morte, surtout en France. C'est qu'il faut pour qu'elle vive, ou bien des artistes pleins de foi, comme Il beato Angelico, ou bien un milieu de croyants, comme la chrétienté de Jules II. Nous n'avons plus de foi ni chez l'artiste, ni chez le peuple, et ceux qui veulent faire de la peinture un enseignement, un prêche pour une idée, célèbrent d'autres martyrs, d'autres saints que ceux du catholicisme. Un siècle plus tard, on eût peut-être appelé le *Pilori*, de M. Gleize, de la peinture religieuse. C'est le plus grand éloge que je puisse faire de ce tableau.

Parmi les hommes que la tradition a égarés, mais qu'elle n'a pu perdre, grâce à l'énergie de leur talent, nous devons tout d'abord citer Benouville. L'Exposition a renouvelé les regrets de tous ceux qui aimaient cet artiste, enlevé bien vite à sa vie de travail et de progrès. *Sainte Claire recevant le corps de Saint François est* peut-être la seule toile du Salon traitant un sujet religieux qui mérite une sérieuse attention. La composition en est belle. Placé, le visage découvert, sur un brancard, le saint est au milieu du tableau. Sur la gauche, un prêtre séculier, gras jusqu'à la caricature, officie. Sainte Claire, entourée des religieuses ses compagnes, sort du couvent, — dont la porte occupe le côté gauche et une partie du fond du tableau, — et pleure le saint. A droite, le peuple d'Assise s'agenouille. Cela est habile et bien entendu. L'expression de la désolation, monotone peut-être chez les religieuses, est belle chez le peuple. Cependant, l'auréole mal peinte qui entoure la tête du saint, et je ne sais quelle recherche exagérée du style, rendent cette œuvre froide et font qu'on regarde avec bien plus de plaisir le portrait de la femme de l'artiste et de ses enfants, placé à côté; charmante et naïve toile, poème de bonheur, que la mort a brusquement interrompu !

M. Biennoury a fait un *Baptême de Jésus-hrist*; M. Galimard une *Vierge en adoration*, qui n'a pas même les qualités de la *Léda*; M. Balze une foule de cartons; M. Hesse une *Descente de croix*. Si j'étais Diderot, j'écrirais volontiers sur mes notes « au Pont-Neuf », ainsi que le fesait, dans ses jours de mauvaise humeur, le grand critique du 18e siècle.

M. Landelle, sous le titre du *Pressentiment de la Vierge*, nous montre la mère de Jésus frémissant à voir saint Jean-Baptiste offrir, en s'amusant, une croix de roseau au futur roi des Juifs. Une exécution molle empêche de bien saisir tout le charme de cette idée qui, plus heureusement rendue, aurait certainement fait un bon tableau.

M. Signol a eu une inspiration dans sa vie. Nous parlons de la *Femme adultère*, succès un peu exagéré, mais incontestable. Mieux vaudrait qu'il recommençât cette toile à chaque Exposition que de faire une *Sainte Famille* comme celle qu'il nous a donnée.

M. Baudry nous a montré, sous prétexte de *Madeleine pénitente*, une étude de grisette dans un paysage qui rappelle un peu celui de Corrège. Cette peinture, molle et terne, impossible à classer, confirme les réserves que les gens de goût ont faites en face du succès de M. Baudry, succès dont nous reparlerons, d'ailleurs, à propos de tableaux d'histoire.

Pour M. Etex, qui ambitionne, comme Michel-Ange, la double gloire de peintre et de sculpteur, et qui même est un peu poète *(inter amicos)*, il est arrivé, dans son *Christ prêchant sur un lac*, à un de ces effets excentriques qui échappent à la critique. C'est un justiciable du *Journal amusant*, et pourtant M. Etex est un de ces rares artistes qui veulent une idée à chaque œuvre ; mais sa facture, inouie en peinture, annihile tous ses efforts.

Voilà ce qu'ont exposé les peintres religieux, presque tous lauréats de Rome. Je n'ai cité que les plus remarquables. Quant à la foule des Christ en croix destinés aux églises de village, elle est immense, et fait regretter que le jury leur ait accordé la place qu'il a refusée à certain tableau de M. Millet.

Les faiseurs de Batailles. — La guerre est un fléau, et pour ma part je ne saurais l'aimer, quand elle n'aurait d'autres résultats funestes que d'avoir créé les peintres de batailles.

Le vrai public s'enfuit du vaste salon destiné à recevoir les images de ces épouvantables boucheries de Crimée. Le but suprême de l'art est certes de moraliser les masses. Y arrive-t-on en mettant sous leurs yeux les horreurs d'un assaut ? J'en doute. Et d'ailleurs, ce moyen violent est peu digne de la délicatesse que doit conserver un procédé artistique. Pour moi, les peintres de bataille sont, par le genre même de leurs travaux, privés de la plus douce jouissance de l'artiste et de sa véritable source de gloire : la création. Ces forçats du pantalon rouge et du zouave ont d'immenses qualités de dessin et de couleur, parfois de composition ; et cependant, il n'y a pas un tableau de bataille qui soit une œuvre digne d'analyse ; car contraints à représenter le même fait sous mille faces, le même sentiment sous mille formes, forcés de tourner dans un cercle étroit, ils y contractent tous une odieuse uniformité. Le public a fait justice de ce genre de peinture qui ne vit guère que par la commande.

M. Yvon avait fait pour l'Exposition universelle une *Retraite de Russie*, — assez imitée de Gros, — qui lui a valu un grand succès. C'est que dans cette toile, il avait à exprimer et avait exprimé parfois avec bonheur, d'autres sentiments que ceux d'une bravoure brutale. Chaque personnage souffrait et luttait à sa façon. Dans son énorme tableau de la prise de Malakoff, on ne trouve qu'un sentiment : la fureur. Nous craignons que cet artiste ne perde ses qualités réelles s'il persiste dans cette voie funeste, où le succès populaire est facile, où le vrai succès est à peu près impossible.

Nous ferons le même reproche à M. Gleize, qui, dans une immense toile, a reproduit une *Distribution de drapeaux*, où nous ne retrouvons ni l'idée élevée, ni le style, ni même la manière habile du *Pilori*. Parcourant le livret d'un ami qui se plaît à noter ses impressions à chaque page, nous avons trouvé en face du nom de

M. Gleize cette simple annotation : *Hélas!* Elle renferme toute notre opinion.

Barrias, l'auteur aimé des *Exilés de Tibère* et du *Michel-Ange*, nous a donné un *Débarquement en Crimée* ; M. Armand-Dumaresq, — celui-ci est un récidiviste, — une *Mort du général Bizot*; M. Philipoteaux, un *Combat de cavalerie* ; M. Tabar, — un véritable paysagiste, — s'est perdu dans des *Combats d'avant-postes ;* M. Beaucé, nous a offert, selon son habitude, une ou deux scènes de bataille, sans intérêt; M. Pils, enfin, comme toujours, un *Défilé de zouaves*.

J'ai cité les maîtres. Jugez des élèves : il y en a par malheur beaucoup.

C'est à dessein que nous avons oublié, dans cette brève énumération, M. Bellangé, qui a montré beaucoup d'esprit dans l'*Inventaire d'une casemate russe par des zouaves*, et M. Devilly, qui a déployé, dans un *Combat entre des arabes et des chasseurs de Vincennes*, de telles qualités de coloriste que nous lui devions une mention à part. L'imitation de Delacroix est peut-être trop évidente, mais nous comprenons à quel point ce génie du coloris s'impose à ses admirateurs.

Nous allons étudier maintenant mieux que les sottes imitations des peintres religieux ou les fatigants amas de couleur des peintres de batailles. Nous entrons, avec la peinture d'histoire, dans le vrai domaine de l'art moderne, où nous trouvons tout d'abord deux grands noms : Ingres et Delacroix.

Peinture d'histoire. — Il est assez difficile de dire si la nouvelle génération de peintres d'histoire vaut mieux que celle qui l'a précédée. Non, si l'on ne regarde que les hommes. Ce n'est ni M. Gérôme, ni M. Baudry, qui peut se vanter d'avoir l'admirable tempérament de Delacroix ou d'Ingres. Mais, d'un autre côté, si l'on ne s'occupe que de la façon dont les nouveaux venus comprennent ce genre de peinture, on ne peut s'empêcher d'admirer en eux la recherche de l'effet philosophique, la science de l'histoire, la préoccupation de flatter l'intelligence autant que l'œil, et d'offrir un enseignement à la foule, en même temps qu'un plaisir. Cette peinture, que l'on a appelée dans les ateliers la peinture d'homme de lettres, n'a, malheureusement, que des représentants d'un talent inférieur, et, il faut bien le dire, M. Gérôme n'a pas, dans ses tableaux si remarquables comme idée philosophique, la vingtième partie du talent de peintre que M. Courbet prostitue dans ses hideuses reproductions des demoiselles de village ou des demoiselles de la Seine.

J'ai prononcé un mot qui a déjà soulevé bien d'innocentes fureurs. La peinture d'homme de lettres ! Quoi ! se sont écriés en chœur les défenseurs de l'art pour l'art, faire des tableaux qui disent quelque chose ! Avoir une idée ! à quoi bon ! Enseigner ! à quoi bon ! Occupons-nous d'ocre, de bitume, de repoussoir, de ligne de rappel ; posons sur le tout quelque glacis ; cela représentera une Sainte-Famille ou un Intérieur de cabaret, selon le caprice de la commande ; n'ayons aucune espèce d'idée, mais des procédés ; moquons-nous des idiots qui s'ennuient de voir les mêmes sujets reproduits depuis trois siècles ; nous savons peindre, et Théophile Gautier fait notre éloge.

Voilà le manifeste de ces messieurs. Malheureusement, le public est peu de leur opinion, et m'est avis que bientôt personne ne regardera plus les jeunes filles au perroquet, ou les jeunes filles à la toilette, et que les baigneuses de M. Diaz, pourront dévoiler leurs blanches nudités sans qu'aucun visiteur arrête son lorgnon sur elles.

Mais si l'école nouvelle a de généreuses inspirations, si elle cherche à marcher dans la voie d'Ary Scheffer, qu'elle est loin de ses maîtres sous le rapport des qualités artistiques !

Le Salon de cette année a remis en présence deux hommes que l'on a pris l'habitude d'opposer l'un à l'autre, et qui semblent, par leurs prédominances, chercher l'effet par des moyens bien différents. Nous voulons parler de MM. Ingres et Delacroix, et leurs œuvres, malgré leur décadence, éveillent de tels souvenirs qu'ils captivent les premiers l'attention des visiteurs.

L'inconvénient des parallèles, si commodes aux feuilletonistes, est, le plus souvent, l'inexactitude. Ainsi, quand on a dit que M. Delacroix ne savait pas dessiner, et que M. Ingres ne savait pas peindre, on a commis, selon nous, une double erreur. Ces deux grands artistes savent aussi bien dessiner l'un que l'autre ; si l'on en veut la preuve, on la trouve dans *la Barque du Dante* et dans *les Enfants de la Médée* ; ce sont des figures que M. Ingres eût signées. Seulement, M. Delacroix, comme Rubens, comme Rembrandt, cherche le dessin par le mouvement, la perspective, qu'on nous passe un mot d'atelier, la masse ; et M. Ingres par la ligne, comme Raphaël. La couleur même de M. Ingres, si contestée, si moquée parfois, a, dans une gamme assourdie, une harmonie charmante, et ceux qui se souviennent de l'*Apothéose d'Homère*, seront sûrement de cet avis.

Nous sommes malheureusement de l'opinion de tout le monde en disant que le talent de ces deux grands peintres n'a plus la même vigueur, surtout celui de M. Delacroix. Pour M. Ingres, son exposition est trop peu considérable pour motiver un jugement que nous n'eussions pas porté si sévère, si le souvenir de sa dernière toile, la *Jeanne d'Arc*, ne nous y eût forcé.

M. Hittorf a reconstruit, avec une immense érudition et une grande habileté, un temple grec, de ceux qui portent le nom un peu barbare peut-être de hypæthre-amphiprostyle-pseudopériptère. Il nous a rendu le fronton, le toit plat, tout cet art simple et charmant que nous avons eu la sottise d'imiter en agrandissant ses proportions, en allongeant ses colonnes, que le soleil ne vient pas dorer à Paris, mais que la fumée rend noires et tristes. — Le posticum de ce modèle est décoré par M. Ingres. Il y a représenté la *Naissance des Muses* : Mnémosyne, huit fois mère, est étendue sur son lit de douleurs ; sa dernière fille naît et se lève de sa couche. Ce dessin a, pour nous, un immense défaut : M. Ingres a drapé ses muses. Ce n'est pas seulement au point de vue de la vraisemblance que nous l'en blâmons ; nous pensons que son œuvre eût été bien plus belle s'il n'eût pas voilé par des draperies habiles de dessin, mais d'une couleur équivoque, les formes délicates des neuf immortelles qui, dit Hugo, montrent sans rougir leurs seins nus au poète.

C'est la seule œuvre de M. Ingres. M. Delacroix, lui, a huit tableaux. La *Montée au Calvaire*, esquisse réduite d'une fresque inexécutée, *Herminie et les bergers*, *Rebecca enlevée*, une variante de *Hamlet*, *Ovide chez les Scythes*, *Les bords du fleuve Sebou*, *Saint Sébastien*, le *Christ au tombeau*. Nous ne parlerons que des quatre dernières toiles ; les autres ne sont guère que des esquisses malheureuses.

Signalons tout d'abord dans l'exécution de tous ces tableaux de M. Delacroix un changement qui n'est pas un progrès.

Ce qui faisait pour nous le grand talent de M. Delacroix, c'est la justesse avec laquelle il modelait, tenant compte et du ton général du tableau et des reflets des objets voisins. Ses draperies, ses chairs, ses chevaux, étaient toujours modelés en vertu de cette loi qui veut que l'on fasse les ombres d'une draperie, par exemple, avec la couleur qui est complémentaire de celle de la draperie. Il s'est écarté de ce principe d'une étrange façon dans toutes les œuvres de cette année, notamment dans *Ovide en exil*, où il a modelé en gris une jument grise, ce qui donne à cette figure, mal dessinée d'ailleurs, un ton criard et dur. De plus, l'incorrection notoire de son dessin, qu'il dissimulait par les qualités du mouvement, frappe et étonne dans des figures au repos, qu'il a traitées avec le même laisser-aller.

Ce parti pris de ne pas dessiner l'a amené à d'incroyables résultats, dans le paysage *Les bords du fleuve Sebou* : ses personnages ont les cuisses trois ou quatre fois trop grosses. Nous ne nous y arrêterons pas, car ce sont des accessoires ; mais ce que nous ne saurions trop blâmer, c'est un arbre d'une forme inouïe, un de ces arbres qui valent des pensums à un écolier de cinquième, lorsque le professeur les aperçoit sur une grammaire qu'ils deshonorent de leurs hétéroclites contours. Le ton général du tableau est d'ailleurs étrange et faux. C'est un tour de force, disent les admirateurs quand même. Avec cette raison, je ne vois pas pourquoi l'on n'étudierait pas la nature avec des lunettes rouges ou jaunes : on arriverait sûrement à des effets analogues.

A côté de ces défauts trop évidents pour ne pas les citer, de grandes qualités, et presque un chef-d'œuvre : nous voulons parler de la *Mise au tombeau*, petite toile dont la composition est admirable selon nous. Un défilé entre des rochers énormes, conduit au tombeau qui attend Jésus. Au haut de l'étroit chemin, brisée de douleur, la mère, appuyée sur deux femmes, et qu'éclaire encore le jour de dehors ; au premier plan, un fossoyeur, la torche à la main, des hommes portant le cadavre ; et pour relier ce groupe au premier, deux apôtres, qui occupent le milieu du tableau. Le ton général, la vérité des contours, la tristesse du paysage, tout est parfait dans cette peinture, où un grand talent est venu servir un grand sentiment.

J'ai déjà loué M. Gérôme de la voie dans laquelle il marchait. Je voudrais pouvoir m'en tenir là, car ses tableaux ne supportent guère l'analyse. Il y en a trois, et quoique l'un d'eux, *le roi Candaule*, soit un tableau de genre, nous en parlerons ici. Couché dans un lit éclatant et couvert de draperies, le maladroit mari regarde complaisamment sa femme se dépouiller de ses vêtements, et offrir à Gygès, caché dans un coin de la chambre, la vue d'une femme admirable, dit l'histoire, la vue d'une grisette assez laide et médiocrement bien faite, dit le tableau de M. Gérôme. Louons, cependant, le mobilier de la chambre, d'une exécution soignée et qui nous plaît infiniment, bien que les savants nous disent qu'il est plutôt égyptien qu'asiatique.

Sous ce titre : *Ave Cesar imperator, morituri te salutant*, M. Gérôme a reproduit un combat de gladiateurs à Rome. Ici, nous avons pu constater la vérité des détails archéologiques. Toute la droite et le fond du tableau sont occupés par les gradins de l'amphithéâtre. Au fond, le peuple; à droite, les vestales et le César. D'immenses *velaria* tamisent la lumière. S'approchant de la loge impériale, le maître des jeux présente les combattants à l'Empereur. Voilà le retiaire, avec le trident et le filet; voilà le mirmillon, au casque surmonté d'un poisson d'or. Tandis que le César regarde ces nouvelles victimes, un esclave jette du sable sur le sang qui tache l'arène; d'autres enlèvent avec des crocs les cadavres; sur le premier plan, enfin, enveloppés dans le filet, gisent étendus deux gladiateurs qui viennent de se tuer en même temps et qui ont évité au peuple la fatigue de lever ou d'abaisser le pouce.

Le dernier tableau de M. Gérôme est un véritable tableau d'histoire par la dimension. César, mort, gît seul au milieu du sénat. Les conjurés se sont enfuis; le tyran, culbuté de sa chaise d'ivoire, — qui en vérité devrait être tombée, et que M. Gérôme a placée en équilibre, contre toute vraisemblance, — inondé de sang, couvert de blessures, met la main sur ce cœur qu'a frappé Brutus. Nous louons sans réserve la grandeur de la conception; mais nous ne pouvons nous empêcher de dire que l'exécution y répond peu.

M. Gérôme sait dessiner; pourquoi donc sa *Nyssia* est-elle lourde, sans finesse; a-t-elle les épaules et les hanches mal attachées? Pourquoi son César n'est-il pas au plan, et ses gladiateurs semblent-ils ne pouvoir se tenir sur leurs pieds? Il sait peindre; pourquoi n'a-t-il eu qu'un procédé, cette année, dans ses trois tableaux, — inondant le fond de lumière, obscurcissant le premier plan, selon une diagonale, ce qui fait ressembler ses toiles à deux triangles superposés, l'un éclairé, l'autre obscur.

Je ne puis dire un des plus grands succès, mais un des plus grands sujets d'étonnement et de discussion, est, cette année l'*Eve* de M. Clésinger. On se souvient des statues de ce sculpteur audacieux et personnel. La *Bacchante*, la *Femme au Serpent*, *Rachel*, le malencontreux *François* Ier qui n'a pu demeurer sur la place du Louvre, sont restés dans tous les souvenirs. Nous sommes heureux après tant de recherches, de voir M. Clésinger arriver à un franc et grand succès en sculpture. Nous avons éprouvé également un vif plaisir en face de la grande toile qu'il a exposée. Couchée sur des fleurs, la tête inclinée sur le bras, Ève écoute le serpent qui s'enroule à ses côtés, et siffle doucement un rêve à l'oreille de la dormeuse.

M. Clésinger, en signant son œuvre, a fait précéder son nom

des mots: « le sculpteur », et cela explique son intention et son but. Il a voulu montrer quel puissant parti les peintres d'histoire pouvaient tirer de la connaissance approfondie de l'anatomie. Il a fait, il est vrai, une femme sans délicatesse, aux formes masculines à partir des reins, imitant en cela Michel-Ange dans un de ses plus grands défauts. Il en est résulté un manque absolu de grâce; mais la vigueur, l'habileté avec laquelle les grandes masses anatomiques sont posées, la pureté de ce rude dessin, et même certaines qualités de peinture font de cette œuvre l'une des plus remarquables du Salon.

M. Baudry fera bien de la regarder souvent.

Cet artiste, en effet, depuis le succès un peu surfait peut-être qu'obtint son imitation du Titien, la *Fortune et l'Enfant*, n'a pas progressé selon nous. Il se recommence sans cesse, et, ce qu'il y a de plus fâcheux, trouve des imitateurs serviles qui le copient presque. Nous voulons parler de M. Faure. — M. Baudry a exposé cette année, outre deux bons portraits, une *Madeleine pénitente*, une *Toilette de Vénus* et une étude. Sa *Madeleine*, elle-même, n'est guère autre chose qu'une étude, peu réussie, et dont les qualités et les défauts ne sauraient s'exprimer que d'une façon générale: c'est correct et mou. Quant à l'inspiration, elle est absolument absente. L'amante passionnée du Christ, la femme étrange qui racheta par un amour extatique une vie de plaisirs, où est-elle? Je sais bien qu'on peut faire au Corrège la même question: mais en vérité il a remplacé la célèbre pénitente par une si adorable créature, que l'on ne l'ose.

Guillemette, l'étude de M. Baudry, est une tête d'enfant qui a le malheur d'être peinte avec un parti pris d'imitation de Vélasquez tellement évident, que l'on croit revoir l'*Infante* du Louvre. La *Toilette de Vénus*,—toujours un Amour et un miroir, — est d'une facture molle, mais présente de réelles qualités de charme qui font oublier la lourdeur du dessin. Quand donc M. Baudry sera-t-il lui-même? S'assimiler le passé est d'un grand talent sans doute, mais il faut, — sous peine d'impuissance, — en faire sortir l'avenir. Nous attendons.

Nous avons déjà parlé de M. Benouville et de son remarquable tableau de religion. Cet artiste regretté a exposé aussi une *Jeanne d'Arc*. La Pucelle d'Orléans, au milieu des champs, entend les voix célestes qui lui disent de chasser l'Anglais. Elle ouvre ses yeux bleus tout grands: l'étonnement, l'inspiration, la transportent. Derrière sa tête, trois anges blancs, fondus habilement au milieu des nuages, lui présentent la gloire et l'étendard. M. Benouville avait à lutter contre une des plus grandes difficultés : il devait représenter un état violent de l'âme, tout en conservant la pureté des formes. A-t-il réussi ? Pas absolument, mais assez pour faire de son œuvre consciencieuse une des toiles les plus estimées du salon.

Assis, courbé sur un esclave qui se tord, le poing sur la cuisse, *Néron regarde les effets du poison de Locuste*. A côté du malheureux qui meurt, l'empoisonneuse, debout et triomphante, essaie de sourire. Tel est le tableau de M. Mazerolles. La composition en est bien ordonnée, et nous aimerions sans restriction cette œuvre, n'était la tête de Locuste. Pourquoi faire ressembler la Romaine à une sorcière de Macbeth? Il y avait là une nuance à saisir, et nous la cherchons en vain. L'esclave, le Néron, — un peu énorme peut-être, — sont peints avec vigueur, — mais aussi avec une certaine brutalité de touche. Néanmoins c'est là une œuvre estimable qui confirme le passé de M. Mazerolles et promet pour l'avenir.

Je voudrais pouvoir en dire autant du *Dalila et Samson* de M. Gleize fils. Mais, en vérité, composition, dessin, couleur, tout est médiocre. C'est l'œuvre d'un commençant qui eût mieux fait d'attendre et de n'exposer que des œuvres plus mûries.

M. Devéria a deux tableaux estimables, un peu froids, un peu ternes peut-être.

M. Magaud, dont j'aurai le plaisir de faire grand éloge en parlant des dessins, expose un *Dante conduit par Virgile*. Ce tableau a les qualités de M. Magaud au plus haut degré; nous voulons dire correction du dessin et éclat de la couleur. Ce qui lui manque, ce que M. Magaud n'a que dans ses plafonds, c'est l'harmonie dans la composition et surtout dans la couleur. Il n'y a pas de dominante.

Il est encore un artiste qu'il faut nommer, non pas tant à cause de son œuvre que du parti qu'il représente. Nous voulons parler de M. Desgoffe, qui a exposé, outre plusieurs paysages, un *Martyre de Saint-Maurice*. M. Desgoffe représente en art ce que l'on a appelé le style empire; on songe, en face de ses œuvres, à ces Clio et à ces Apollon qui décorent les pendules des appartements de province d'un goût suranné. Les arbres de ses paysages, taillés à l'emporte-pièce, nous montrent une nature qui n'existe pas ou que nous ne savons voir. Son *Saint-Maurice* ressemble assez au Saint-Victor que l'on promène sur une bannière dans les processions du Midi. M. Desgoffe représente à l'Exposition le passé, l'école de la convention. Il est un des derniers descendants de David, un de ceux qui ont suivi la trace de ce grand peintre d'une façon si déplorable, qu'ils ont fermé à jamais l'ère du convenu antique.

Adieu aux armures dorées, aux accessoires de tragédie! Tout cela est bien mort!

Delacroix est l'homme qui personnifie la réaction romantique, la transition de David à Gérôme. Malheureusement ce fut plutôt au nom de la forme et de la couleur qu'au nom de l'idée que la réaction eut lieu. Aussi cette école, malgré le génie de son maître, est-elle destinée à périr. L'avenir est aux peintres qui pensent et savent. Après quelques errements à travers l'école pompéiste, M. Gérôme a pris la tête de cette avant-garde. Nous avons dit ce qui lui manquait; mais son tempérament de peintre peut se développer : nous saluerions alors un grand artiste. Espérons.

Peintres de portraits. — Les portraits foisonnent à l'Exposition. Nous ne nous en plaindrions pas, si la plupart n'étaient exécutés en dehors de toute préoccupation artistique, et exposés uniquement dans un but de réclame. Loin de nous la pensée de refuser à l'artiste le bénéfice légitime de son œuvre; mais, ce que nous regrettons, c'est de voir à quel point l'étude de la passion est oubliée, à quel point l'étude brutale, sèche, inintelligente du contour l'emporte sur l'étude morale et sur l'interprétation. Pour la plupart des faiseurs de portraits, le modèle est une nature morte. Ce n'est point ainsi que procédaient Velasquez, Rembrandt, Van-Dyck, Lawrence et tant d'autres ; ce qui rend, bien plus encore que l'immense habileté du faire, leurs portraits attrayants à nos yeux, c'est la vie écrite sur la toile, c'est l'homme à demi dévoilé par son masque, c'est la passion surprise et traduite. Que de fois n'avons nous pas cherché à saisir sur son front la pensée errante de la Joconde, profonde et rieuse! Que de fois, avec Rembrandt, n'avons nous pas refait l'histoire!

Cette grande tradition des maîtres nous a été heureusement conservée, cette année, par trois ou quatre portraitistes, par un surtout hors ligne au milieu de ses confrères. Nous voulons parler de M. Hippolyte Flandrin. M. Flandrin expose trois portraits : l'un d'une femme âgée, les deux autres de deux jeunes filles. Ces dernières sont les plus remarquables. Vêtue de blanc, blonde avec les yeux bleus et vagues, appuyant une main élégante sur une cassette d'ivoire, l'une d'elle est la grâce enfantine et un peu mièvre de seize ans. Brune, le teint mat, la lèvre pâle, coiffée avec quelques rubans moins noirs que ses cheveux, tenant au bout de ses doigts un œillet éclatant, l'autre est la force, la vie épanouie et la passion.

Nous ne savons ce que les modèles ont fourni à l'artiste; nous ne savons si la ressemblance est parfaite, au point de vue de l'exactitude photographique, seule préoccupation des peintres médiocres; cependant nous affirmons hautement que ces toiles qui vivent et qui parlent sont mille fois plus vraies que les silhouettes exactes et froidement coloriées que certains artistes exposent sous le nom de portraits.

J'ai lu quelque part, — dans Georges Sand sans doute, — le portrait d'un campagnard dont le nom m'échappe. Maire de son canton au temps de la grande république, quelque temps soldat de Bonaparte, il vit seul et retiré dans sa campagne. Demi-voltairien et demi-chrétien, en hostilité avec le curé et le maire, par dessus tout libre et indépendant, charitable et de bon conseil, il se fait aimer des paysans et redouter des mauvais gars. N'est-ce pas lui que M. Matet nous montre appuyé pesamment des deux mains sur son bâton, laissant au vent sa couronne de cheveux gris?

On a souvent prétendu que les femmes ne pouvaient peindre autre chose que des fleurs : Mme Browne et Mme O'Connell nous prouvent le contraire. Les portraits de M. de G. et de M. E. Texier sont de belles œuvres.

M. Ricard procède de Van-Dyck, par moments de Léonard. Sa peinture, chaude, large, puissante, a les grandes allures de ce temps. Au milieu des nombreux portraits qu'il expose, j'en choisirai un, celui de Mlle de J., et je regarderai un instant la main, celle qui joue sur une robe de soie noire, avec une chaîne d'or. Holbein, dans son portrait d'Érasme, a tout sacrifié à la main qui écrit. C'est qu'en effet, autant que la figure, la main a sa physionomie et sa signification; c'est à son attache fine et déliée que l'on reconnaît les gentilshommes. A elle de révéler l'aristocratie de race et d'intelligence; autant que le regard, la main pressée va au cœur, et Lavater a raison de la croire aussi utile que le front à qui veut, par la forme plastique de l'homme, rechercher ses qualités ou ses défauts probables. La main que M. Ricard a peinte avec tant de soin est charmante, nerveuse et mignonne, et c'est sans doute sa sœur qui inspira cette vieille romance appelée : *Ta main!* et que les jeunes filles chantaient, il y a dix ans, en regardant avec complaisance leurs doigts effilés.

M. Amaury-Duval et M. D. Madrazo, le fils du directeur du Musée de Madrid, que les arts ont récemment perdu, ont de bons portraits.

M. Bonnegrace, malgré une facture commune, expose une toile

qui ne manque pas de mérite : c'est le portrait de M. Louis Jourdan.

La foule s'arrête volontiers, avec émotion, devant le portrait de M. Ary Scheffer, par son frère. Le front haut, les cheveux en arrière, les yeux vifs et le nez aquilin, mais la bouche et le menton fuyants, toute la physionomie du peintre regretté nous dit bien ce qu'il fut : l'homme à l'intelligence exquise, mais au tempérament médiocre. David eût ainsi composé cette tête, que M. Henry Scheffer a reproduite avec une exactitude religieuse.

M. Heim a abusé de ses trois médailles et de ses deux décorations, pour remplir une salle de soixante-quatre portraits. Ses confrères de l'Institut sont presque tous là, en bel habit brodé avec leur inoffensive épée au côté. Les dessins de M. Heim offrent un certain intérêt de curiosité, mais l'œil se lasse bien vite de contempler M. Dupin, et on regrette que l'artiste n'ait pas cherché ailleurs ses inspirations.

Il y a un public — plus nombreux qu'on ne saurait le penser, — qui apprend la morale dans le *Constitutionnel* et l'histoire dans le *Charivari*. A ces bonnes gens, Cham, — rieur amusant pour les esprits éclairés, mais dangereux pour les ignorants, — avait fait croire que Considérant portait un œil dans le dos, Pierre Leroux une auréole en carton, et que Proudhon était allé se faire prêtre en Russie. Quel n'a pas été l'étonnement de ce public quand M. Pérignon lui a fait voir, dans un portrait peu réussi d'ailleurs, mais ressemblant, les traits de M. Enfantin. Quoi ! pas de barbe longue et de geste inspiré ! Non. Des favoris et une redingote, comme vous et et moi ; seulement le front large, l'air spirituel, l'œil brillant, la lèvre fine. Puis, sur une table, à côté, — assemblage à faire hurler les sots ! — la Bible, l'Évangile, le Koran et Saint-Simon !

M. Dubufe, le père, expose, outre une *Vénus* et une *Jeune fille au bain*, deux études de *Pêcheuses granvillaises*. Nous avons vu, sur les bords de l'Océan, ces brunes filles qui, coiffées comme des Romaines, ont conservé une pureté de race inouïe au milieu des Normandes assez vulgaires de la campagne : phénomène curieux, qui se rencontre, — chose étrange ! — dans plusieurs ports de mer des côtes de France. M. Dubufe a assez exactement rendu ces traits distinctifs de la race : mais le désir de faire joli l'a empêché de faire vrai. Son œuvre est, tout au plus, une fantaisie agréable.

M. Dubufe, le fils, continue à avoir la spécialité des robes de soie aux couleurs brillantes. Il s'est pourtant résigné à s'occuper un peu de la figure dans les portraits de mesdames les comtesses Waleska et de Morny, et leur beauté méritait bien cette dérogation à ses habitudes. M. Winterhalter, lui, est resté fidèle aux siennes. Il expose je ne sais quelle figure de cire sur une crinoline immense et peinte lourdement. La critique n'aurait pas à s'occuper de cet artiste, si l'engoûment public ne forçait à signaler ses défauts, sa couleur dure et fausse, son dessin douteux, son parti pris de faire joli et mesquin. Il y a de la gravure de mode dans cette peinture.

Au milieu de la quantité de portraits que nous avons vus en passant, qu'on nous permette, pour finir, de signaler une petite toile fine et vigoureuse, quoique trop noire, de M. Carolus Duran.

Nous dirions volontiers que la peinture de portraits n'a point de dignes représentants ; mais voilà la main de Mlle de J. qui vient arrêter notre plume, et les yeux noirs de la demoiselle à l'œillet rouge qui nous défendent de porter un jugement aussi sévère. Nous obéissons.

II

Peinture de genre. — On a pu remarquer déjà, en lisant ces notes, que les ouvrages des peintres dont il est parlé ne sont pas toujours classés avec une justesse satisfaisante. C'est qu'une classification exacte devient à peu près impossible, la plupart des peintres ne se renfermant pas dans un genre défini. M. Gérôme, par exemple, dont nous avons parlé en rendant compte de la peinture d'histoire, est aussi un peintre de genre. On nous pardonnera donc quelques inexactitudes forcées dans cette rapide revue de la peinture de genre, sans contredit la plus importante au salon, et qui tend à faire disparaître la peinture d'histoire, sa sœur aînée.

ROMANTIQUES. — Nulle part peut-être les réactions ne sont si violentes qu'en France : dans l'ardeur de nos prosélytismes nouveaux, nous renions hommes et choses du passé avec une ingratitude coupable, oubliant que, pour qui veut comprendre le présent, il faut, sans haine et sans passion, connaître et expliquer le passé.— Fils de Chateaubriand, importé en partie d'Allemagne par l'émigration, le romantisme, royaliste à son berceau, devint, dès 1827, le partisan de la liberté. Ce fut son moment d'éclosion magnifique. Nous ne savons si, comme l'affirment certains esprits, le romantisme n'a pas abouti; pour nous, nous en voyons les fruits en Delacroix, en Decamps, pour ne parler que de la peinture. Bien que, parmi la jeune génération de notre époque, rien de grand ne se soit élevé sur les ruines qu'il a faites, nous ne lui en sommes pas moins reconnaissants des services rendus à l'art par la vigoureuse bataille qu'il a livrée à la convention. Nous oublions volontiers ses défauts, passés de mode aujourd'hui, et nous jouissons de ses bienfaits.

De tous les vaillants soldats de sa vaillante armée, un des plus braves, Louis Boulanger, étonne et charme par sa fidélité au drapeau. Il est resté pur, admirateur des longues rapières et des grands manteaux. Shakespeare, Cervantes, l'inspirent toujours. Ses tableaux, qui ont le tort de ressembler à des illustrations, ont une fougue et un éclat qui charment parfois l'œil. Nous distinguerons entre tous *Don Quichotte et les chevriers*, et *Le Message*. Dans un paysage brûlé, assis sur un rocher, le héros de Cervantes, botté et sa rapière entre les genoux, trône au milieu des chevriers. Rossinante paît l'herbe rare; Sancho regarde avec amour son grison; le feu brille; les pâtres, drapés dans leurs mantes, préparent le repas du soir; les navajas gisent à terre, à côté des melons ouverts pour apaiser l'ardente soif du chercheur d'aventures. La figure de Don Quichotte est soigneusement traitée. Nous le répétons volontiers, le chevalier errant est fou, mais il est grand : c'est ainsi que l'a compris Cervantes. C'est bien l'homme loyal, brave à toute épreuve, bon et généreux que nous a donné M. Boulanger, différent en cela de Mme Delisle, qui nous a montré, elle aussi, une scène de la vie de Don Quichotte dans un tableau dont nous ne parlerons pas par courtoisie.—Une femme, vieille et à l'air hypocrite, vient sans doute de sortir de l'église que l'on voit là-bas, et accoste un gueux au haut panache, à la rapière longue, vrai Don César, qui porte

La cape en dent de scie et les bas en spirale !

Le chevalier se rengorge et répond complaisamment : « C'est bien, l'on y sera. » C'est *Le Message*.—Voyez encore un bon portrait de M. Dumas, habillé de ce fameux costume circassien, en échange duquel on lui a offert quatre femmes, et un portrait de M. de Cassagnac, que nous n'aimons pas du tout. Peut-être n'est-ce pas la faute du peintre.

La nomenclature des peintres romantiques purs n'est pas longue; elle s'arrête ici. Mais leur influence se fait sentir presque partout. M. Jeanron qui, dans l'*Esclave et la Phénicienne*, a noblement traité un beau passage d'Homère, a, dans ses paysages avec figures, la couleur riche et vigoureuse de M. Boulanger.

Mais c'est surtout parmi les artistes qui peignent des sujets empruntés au moyen-âge que l'école romantique a exercé son influence et imposé son génie.

Le Moyen-Age et la Renaissance. — Quand le règne des bergers et des moutons enrubannés eut pris fin, l'art, ivre de liberté et de dévoûment, se retrempa aux sources antiques avec David. A l'époque sanglante et grande où les Girondins et les Montagnards mouraient, le sourire à la lèvre, on ne pouvait peindre que Brutus et Caton. Mais ce retour vers Rome et la Grèce ne dura guère. On peut en donner pour raisons la médiocrité de la plupart des élèves de David, le succès de Gros et de Géricault en dehors du convenu antique, et surtout le retour à l'étude du moyen-âge. La réaction royaliste et catholique ramena les esprits aux vieilles ballades, pleines de foi et de naïves croyances. Hugo donna, un des premiers, le signal. Les cathédrales gothiques retrouvèrent des admirateurs. D'autre part, la Grèce se réveillait, et les poètes chantaient ses exploits ou y prenaient part comme Byron. L'émigration avait fait connaître Schiller et Gœthe. Le romantisme s'inspira à toutes ces sources et s'appliqua surtout à reconstruire le moyen-âge et aussi la renaissance. Son influence se fait encore sentir sur les peintres qui empruntent à ces époques fécondes les sujets de leurs tableaux. Ils sont presque tous coloristes et peignent, avec une couleur brune un peu convenue, des toiles de médiocre grandeur, telles que le romantisme les aime, dans sa haine des grandes compositions classiques de David. Chose singulière ! les peintres d'aujourd'hui font de l'histoire sur des tableaux de chevalet ; certains peintres de genre, et la plupart des animaliers (MM. Hébert, Rousseau, Simon, Verlat), couvrent d'immenses toiles d'insignifiants sujets!

S'il est une ville que les écrivains romanesques aient aimée, c'est bien Venise. Les lagunes, les gondoles, le pont aux Soupirs et les bouches de délation, avant de servir de thème aux romances de la rue et aux équivoques lithographies, ont séduit bien des esprits distingués. Georges Sand nous a révélé, dans un volume étincelant, les *Maîtres mosaïstes*, la vie charmante et laborieuse des peintres de Venise, réunis en confrérie sous la direction de Véronèse et de Tintoret. Elle nous a montré leurs luttes, leurs concours, leurs triomphes, leurs fêtes. C'est à une de ces réunions joyeuses que nous fait assister M. Baron. Les maîtres peintres fêtent saint Luc, leur patron, dans un cabaret, *qui chante au coin d'une lagune*. Les femmes, couvertes d'or et de soie, montent et descendent l'escalier qui mène de la lagune chargée de barques éclatantes au balcon plein de cavaliers. C'est vivant, et l'on sent dans cette toile je ne sais quelle fougue de bon goût, qui est le fond du caractère vénitien.

On se souvient des amours du fils du Titien avec Béatrice Donato. Musset, qui aimait l'Italie et ses artistes, nous en a retracé le tableau charmant. M. Heilbuth l'a décrit sur sa toile. — Appuyée à des colonnes de jaspe, la jeune fille aux cheveux bruns et dorés écoute les langoureux propos du bel adolescent. La mer bleue entend seule leurs confidences. — Nous reprocherons un peu de froideur à cette scène. C'est aussi le défaut du *Tasse à Sorrento*. Mais M. Heilbuth a toutes ses qualités dans l'*Aveu* et la *Consigne*. Nous sommes à la campagne. Vêtu d'une robe rouge, costume de seigneur, le père prend la main de sa fille et l'interroge avec anxiété : « Tu l'aimes donc? » semble-t-il lui dire. Et la jeune femme, baissant les yeux sur sa robe bleue, répond « Oui » en tremblant. M. Heilbuth a su rajeunir, par sa facture habile et son intelligente étude de l'expression, un sujet un peu rebattu.

La *Consigne* n'est autre chose que la reproduction vraie d'une scène de Marion Delorme :

> Ici, contre une dame, on met la lance au poing !

Par son dessin correct, par sa riche couleur empruntée aux Vénitiens, par sa préoccupation de l'élégance et de la vérité, M. Heilbuth, qui est étranger, mérite l'accueil distingué qu'il a reçu. Nous croyons qu'il arrivera à un succès très-éclatant, s'il anime davantage ses toiles, et si, oubliant d'être spirituel, il devient plus passionné.

Couvert de sa robe d'or, le doge traverse la salle de l'Anti-Collegio, au palais ducal de Venise. Une femme se jette à ses genoux en demandant grâce. Les gardes et les suivants la regardent avec intérêt, car M. Hamman a su la faire belle.

Il est, en dehors de l'histoire traditionnelle et officielle, une histoire, douloureuse la plupart du temps, que nous aimons à voir raconter. C'est celle des artistes, des inventeurs, des chercheurs, qu'ils touchent à l'ouvrier, comme Stradivarius, ou s'élèvent jusqu'au prophète, comme Dante. M. Hamman a raison de lui demander ses sujets. La veste entr'ouverte, au milieu d'outils et de bois épars de tous côtés, l'élève d'Amati met la dernière main à un violon, et écoute le son de la boîte sonore que l'on a si bien appelée l'âme. C'est une figure bien traitée, calme, inquiète à la fois, comme celle de ceux qui savent beaucoup et veulent savoir plus encore. — Il a été moins heureux avec le Dante. Au fond du tableau, les murs de Ravenne découpent leur silhouette sur le ciel assombri par le soir. Dante, seul, tourmenté de quelque grand rêve, se promène à pas précipités, comme un lion dans le désert. Un groupe de jeunes filles le montrent du doigt, effrayées et moqueuses. C'est dans l'expression de ces figures jeunes et gaies que le talent sévère de M. Hamman a échoué. Mais il a retrouvé toute sa force pour raconter un triomphe de l'homme qui lui a inspiré son plus beau tableau, d'*André Vésale*. Il nous le montre, confondant ses ennemis et disséquant au milieu de la foule des savants accourus à Bologne pour le combattre et forcés de l'applaudir.

La liste des artistes et des inventeurs persécutés, bafoués, est longue, et c'est toujours une œuvre bonne et morale que de mettre leur histoire sous les yeux du public. Quel plus beau martyrologe que celui-là? Voilà *Bernard de Palissy*, — par M. Pantin-Fontenay, — qui, à genoux, devant son four, y jette et le bois de sa maison et ses meubles. Voilà *Pérugin, épié par des moines*, — que M. Jacquand a su faire sordides et ignorants, — leur donnant, en leur montrant l'outre-mer conservé par sa probité, une leçon de confiance!

Voici enfin la figure noble et grande de *Colomb*. Suivi de son fils, enfant faible et souffreteux que tue sa vie errante, l'illustre Génois, brisé de fatigue, se rendant à pied à Madrid, s'est arrêté au couvent de Santa-Maria de Rabida. L'œil inspiré, il montre au supérieur Don Pérez une carte du monde complété par lui. Deux frères se penchent curieusement sur la table. L'un, à l'aspect sinistre, semble invoquer déjà le glaive séculier contre l'impie qui nie la parole biblique; l'autre l'insulte de son rire grossier et idiot. Le supérieur seul regarde avec intelligence, et son œil promet un protecteur à Colomb. Cette toile de M. Laugée, par l'habileté de la facture, moins encore que par la science de composition, mérite, selon nous, les plus grands éloges. C'est à la fois l'œuvre d'un penseur et d'un peintre.

Cette alliance d'un philosophe et d'un artiste est bien plus rare qu'on ne le pense. Que de peintres qui n'ont pour eux que l'habileté et la facture! D'autres, au contraire, voient les plus intelligents efforts échouer faute d'un témpéramment ou d'une étude suffisants. M. Leighton, par exemple, a été demander son inspiration à Shakespeare. Le comte Paris, le père Laurent et le joyeux cortége de la noce vont chercher Juliette pour la conduire à la chapelle. Ils la trouvent inanimée. Pendant ce temps, le père de la jeune morte, court et anime les cuisiniers, qu'il réjouit de ses gros propos! Quel contraste! M. Leighton a su le voir, et l'a traduit d'une façon ingénieuse. Sur la gauche du tableau, Juliette gît étendue. Le comte, en tête de la procession, s'arrête consterné. Cependant, les musiciens et les invités descendent l'escalier au second plan, et, ne pouvant apercevoir Juliette, continuent leur bruyante gaîté. Ce tableau serait, grâce à cette intelligente recherche, un précieux commentaire de la grande œuvre de Shakespeare, si la facture ne laissait mille regrets. Heureusement c'est là, somme toute, le moindre des défauts; car l'on apprend à peindre bien mieux qu'à penser.

M. Cabanel est un des heureux privilégiés qui savent les deux choses. Il expose, sous le titre de la *Veuve du Maître de chapelle*, une scène intime, d'une émotion profonde et vraie. Le maître de chapelle est mort. Assise à l'orgue, sa fille, une belle enfant de seize ans, chante ses plus beaux motets, les larmes aux yeux. La veuve, assise à côté de son fils qui lui tient les mains, songe, tristement et doucement émue par cette musique, faite peut-être à ses genoux. L'aïeule incline sa tête, et l'on voit la douleur errer dans des yeux qui n'ont plus de larmes. A gauche du tableau, un jeune homme, le fiancé sans doute de la belle enfant qui chante et l'élève du maître mort, prend sa part de toutes ces douleurs. Nous voudrions, pour applaudir sans réserve ce tableau touchant, une beauté moins uniforme dans les têtes et une couleur moins rousse. Nous savons que les vitraux ont de tels reflets, mais il ne faudrait pas en abuser.

Il y a de la douleur dans cette toile, mais il y a surtout de la foi, de la mélancolie, de l'espérance. Si vous voulez la mort brutale, telle qu'Holbein l'a rêvée; si vous voulez le fantôme sans pitié, demandez-le à la *Danse macabre* de M. Penguilly-L'Haridon. On sent que ceux qui pleurent dans le tableau de M. Cabanel ont croyance en la vie future: c'est le triomphe de la foi sur le néant.—Il prend sa revanche ici, l'effrayant ennemi de l'homme!

La *Danse macabre* est un des motifs chéris du moyen-âge. Ce n'est pas seulement la traduction de la pensée de l'Eglise que les artistes aiment en ces sombres tableaux de la fragilité humaine. Une idée politique domine leur œuvre, idée d'opposition démocratique, qui ne peut se faire jour et parler qu'en se servant de la religion. Les rois et les évêques ne sauront se fâcher si c'est au nom de Dieu qu'Holbein les invite à faire pénitence, s'il parle au nom de l'Evangile quand il leur montre la Mort qui les fait coudoyer par un manant, en les poussant ensemble au tombeau.

M. Penguilly-L'Haridon expose une *Danse macabre* d'une petite dimension, d'une facture exquise, un peu archaïque, mais sans pastiche. Le sujet principal, — car sa toile, divisée en compartiments, à la façon des tryptiques, en renferme neuf, — nous montre la Mort conduisant dans une ronde symbolique les quatre âges de la vie. Le spectre infernal a un entrain sinistre : vainement le vieillard qu'il tient par la main lui résiste; il l'entraîne, et aussi l'homme mûr, et aussi l'adolescent et la belle fille nue aux cheveux d'or, sa maîtresse, et aussi l'enfant qui vient de naître. Les autres sujets sont des peintures monochromes, d'un beau ton de sépia. Aux quatre coins, des attributs, le masque de velours, la rose, le flacon, les épées, les livres, c'est-à-dire l'amour, la jeunesse, le plaisir, la valeur, la science, et toujours à côté la tête de mort : *Memento homo quia pulvis es!* Au haut du tableau et en bas, deux sujets analogues, deux scènes d'orgie, et toujours, sortant de son trou, la Mort qui saisit un convive,

Et l'emporte encor la bouche mal essuyée.

A droite, un colosse lutte avec la Mort, et les frêles doigts du squelette courbent ses muscles énormes. A gauche enfin, drapée d'un long suaire, traversant les airs au-dessus d'une ville endormie, la Mort emporte un nouveau-né, le presse sur son sein, et parodie, avec une féroce ironie, les baisers et les soins d'une mère.—Telle est l'œuvre remarquable de M. Penguilly, que d'excellents tableaux, pleins de recherches et de soins, le *Coup de l'étrier*, la *Ronde au temps de Charles-Quint*, eussent suffisamment recommandé.

La facture de M. Penguilly est sévère, soignée, un peu léchée peut-être. M. Bellet du Poisat, — un élève de M. Flandrin! qui le croirait? — cherche, au contraire, une facture large et un coloris éclatant. Ses *Trois Bohémiens*, exécutés dans des proportions trop grandes, en imitation peut-être des buveurs de Vélasquez, ont toutes les qualités de l'école de M. Delacroix. Nous louerons surtout M. Bellet d'avoir étudié soigneusement ces figures et de leur avoir donné un caractère d'étrange vulgarité bien en rapport avec la ballade qui l'a inspiré.

Nous voudrions trouver les mêmes qualités dans son autre tableau : *Entrée des Hussites au concile de Bâle*. Mais vraiment il n'y a là qu'un rayon de soleil et des étoffes. C'eût été pourtant une curieuse étude que celle de ces physionomies guerrières et inspirées des premiers réformateurs, en face des représentants de l'orthodoxie. M. Bellet l'a négligée et n'a fait qu'un tableau agréable dans une gamme un peu risquée.

Avec lui commence la longue série des tableaux empruntés aux guerres de religion, à la lutte de l'esprit contre la lettre, au douloureux combat de la liberté de conscience contre l'autorité. Plus qu'un autre pays, la France y prend part. Tandis que l'Italie s'occupe encore de tableaux et de fêtes, l'Allemagne et la France se déchirent. La renaissance, la naissance, pour dire mieux, fut plus douloureuse en France que partout ailleurs. Louange aux artistes qui la racontent !

M. Bailly, dans une toile un peu froide et terne de couleur, nous montre Dolet, le savant imprimeur, conduit au supplice, place Maubert. Il parle à son ami, Opprimus, et se penchant vers lui : « Ne pleure pas, enfant, il est doux de mourir pour une belle cause ! » François Ier, le père des lettres, avait abandonné Dolet à la Sorbonne, car il ne protégeait que les poètes bouffons et courtisans, qui le faisaient rire. Ce misérable monarque, qui n'eut d'autre titre de gloire qu'une bravoure commune en France, et que le plus simple soldat déploie chaque jour, a eu le privilège d'exciter l'admiration des historiens de cinquième catégorie. Anquetil en faisait grand cas. Nous reprochons à M. May de s'être inspiré à cette source, et de nous avoir fait un François Ier bon père et surtout bon roi, pleurant son fils mort, pleurant sur son peuple. Son peuple ! un mot inconnu à cette cour. Le tableau, d'ailleurs, est d'une composition inhabile. François Ier, à genoux, au premier plan, les bras ouverts, s'imagine qu'il prie Dieu. Derrière lui, les courtisans s'échelonnent de la façon la plus malencontreuse.

M. Herbsthoffer a été bien mieux inspiré par la *Saint-Barthélemy*. Dans une vaste salle, l'aïeule, glacée de terreur, écoute, d'un air égaré, le bruit du dehors. Une femme, belle et éperdue, pleure, renversée dans un fauteuil. A ses côtés, l'épée nue, son fils s'apprête à la défense. Cependant, les serviteurs et les amis de la maison sont groupés derrière la porte. Les premiers, se rappelant leurs vieilles guerres, s'apprêtent à vendre chèrement leur vie ; les autres, nobles et jeunes gentilshommes, semblent se demander s'ils tireront l'épée contre la canaille excitée par les moines. La terreur plane sur toute cette scène, bien comprise, et d'une couleur agréable.

Au principe, la réforme ne fut pas aussi éloignée de la philosophie qu'elle l'a été depuis. C'était une magnifique revendication de la liberté humaine, un informe mais gigantesque essai d'organisation politique en dehors de la hiérarchie ecclésiastique, d'organisation sociale en dehors des idées révélées et supernaturelles. Un homme, surtout, arrêta la réforme, et la sépara profondément de la philosophie : c'est Calvin. Il se fit pape à Genève, confondit l'organisation religieuse avec la politique, attenta par conséquent à la liberté et à la dignité humaines et couronna son œuvre d'hérésiarque étroit en brûlant un adversaire de son hérésie, Servet, esprit plus progressif que le sien.

M. Popelin nous a montré ce génie rétrograde prêchant sa doctrine devant la duchesse de Ferrare et Clément Marot. Son tableau est bon de tous points. Assis dans un large fauteuil, appuyé d'une main sur le bras de chêne du meuble massif, montrant du doigt le ciel, le corps en avant, l'œil bleu, limpide, intelligent, absolu et féroce, Calvin parle avec cette éloquence châtiée qu'aura Robespierre, nature analogue à la sienne. La princesse paraît bien plus étonnée de l'aspect étrange du prédicateur que charmée de sa parole. Marot, son secrétaire, est là aussi, debout, tel que nous le comprenons, caractère et intelligence médiocres, génie populaire brisé par les habitudes du poète de cour. — C'est une bonne page historique que nous devons à M. Popelin.

Toutes les fois que l'homme a fait intervenir les idées théologiques dans les affaires terrestres, il en est résulté des injustices ou des crimes. Nous avons vu la *Saint-Barthélemy*, la *Mort de Dolet*, voici l'*Assassinat de Henri IV*. — M. Houzès a saisi le moment où Ravaillac vient de frapper le roi. Il est au pied de la borne de la rue Féronnerie; il tient encore en main le couteau sanglant et béni. Henri IV, entouré des siens, expire dans son carosse. Les gentilshommes mettent l'épée à la main, et un garde, saisissant l'assassin à la gorge, le tient cloué sur les roues du carosse. Cela est plein de mouvement. Mais la couleur terne du tableau nuit aux qualités du dessin.

Tout le monde se souvient du superbe portrait de Richelieu par Philippe de Champagne; M. Comte nous montre le cardinal dans sa vie intime. A côté d'une cheminée largement garnie de tisons, assis dans un vaste fauteuil, Richelieu joue avec des chats, groupés sur ses genoux, et passe sa longue main fine et blanche sur leur pelage soyeux; peut-être, comme le regretté Chopin, trouvait-il à ce jeu un soulagement à ses maux. A côté de cet homme immense qui prépara l'Europe moderne en abattant le protestantisme, dernier représentant de la féodalité, et devina l'avenir en agrandissant la Suisse et luttant avec l'Autriche, — travaille l'Eminence grise, le moine détesté, figure plate et cruelle, domestique devant le cardinal et bourreau ailleurs.— Nous regrettons que la facture si distinguée de M. Comte faiblisse et s'amollisse dans ses tableaux exposés cette année.

Après le grand Richelieu, voilà ce pleutre de Mazarin, comme disaient les gentilshommes du temps. M. Roux nous le montre, — dans un tableau peu remarquable par son faire, — cherchant à attirer à son parti par des offres d'argent, la belle et orgueilleuse duchesse de Chevreuse, qui le regarde avec mépris tout en acceptant à demi la lourde cassette.

Las de combattre pour des intrigues de parti, le peuple de Paris éleva la voix à son tour. Au cri de « Broussel! » les barricades s'élèvent. M. Roux a choisi un épisode de cette célèbre journée. Le chancelier Séguier, poursuivi par le peuple, se réfugie dans les caves de l'hôtel de Luynes, et s'y confesse à son frère l'évêque de Meaux. Eclairés par le rayon de soleil mélodramatique et traditionnel, au fond de l'appartement qui a le tort de ressembler à une prison, ces deux hommes montrent une terreur peu digne. L'oreille à la porte, la duchesse de Sully écoute le peuple qui fouille l'hôtel. C'est le meilleur morceau du tableau, peint dans une gamme rousse toute conventionnelle. M. Roux a mieux été inspiré dans *Hosannah!* fantaisie réussie, et que j'aimerais, n'était la teinte bitumineuse de la gamme. Le portrait de Michel Montaigne est plus heureux. C'est bien l'égoïste honnête, à qui le terrible *que sais-je?* n'a pu mettre une mauvaise pensée au cœur.

Mahomet, révélateur déiste, théocrate, guerrier, eût voulu conquérir le monde à son idée religieuse par la force des armes : rêve qui s'est brisé contre le rêve analogue de l'Occident! De cette longue lutte, M. Leray nous raconte un triste épisode. — Don Gusman, commandait Tarifa. Sommé de rendre la place ou de voir périr son fils sous ses yeux, il répond par ces paroles qui sont la devise de sa race : « J'aime mieux mon roi que mon sang. » Que ce soit à Dieu, comme Abraham, ou à la patrie, comme Brutus, que l'on immole son amour de père, nous ne les regardons pas moins ces lugubres histoires comme d'effrayants exemples de fanatisme, et M. Leray a bien fait de nous en mettre un sous les yeux. — Sur les remparts à demi-détruits de la place, don Gusman est debout et regarde son fils. Ses chevaliers se pressent derrière lui. Un moine élève le crucifix. Au-dessous du mur, demi-nu, le fils du gouverneur baisse la tête; un Abyssinien s'apprête à lui donner le coup fatal. Le chef maure, sur un cheval blanc, insulte à la douleur du père. Il y a malheureusement plusieurs invraisemblances dans cette toile bien composée et peinte avec habileté. L'étude des types est absolument négligée. Les Musulmans sont tout au plus des Turcs, mais ils n'ont ni les lignes, ni la coloration des arabes de Mauritanie. Enfin, M. Leray a placé le lieu de l'exécution si près des murs de la ville, qu'une flèche eût, à coup sûr fait justice du féroce Musulman, et qu'une sortie eût arrêté le bourreau.

Le point d'honneur espagnol, enté sur de vieilles coutumes gauloises, nous a valu l'habitude sanglante du duel. M. Herbsthoffer nous fait assister à une partie carrée au Pré-aux-Clercs. Il a su rendre la brutalité des duellistes, et son tableau serait agréable si la couleur, d'une gamme trop claire, ne fatiguait l'œil. Ce défaut n'existe pas dans une toile de plus petite dimension qu'il intitule : « *Le Choix de la lame.* » Un gentilhomme, en costume de duel, fait plier l'acier d'une épée à large coquille, et sourit en trouvant bonne et fidèle cette vaillante arme des jours de combat.

Guerres, massacres, duels, supplices, voilà la douloureuse épopée que nous racontent les artistes qui s'occupent du moyen-âge et de la renaissance. Aussi, l'esprit s'arrête volontiers sur les rares scènes intimes et mélancoliques plus que terribles. Citons de M. Battanchon la *Mort d'une jeune fiancée*, toile triste et douce à la fois.

M. Comte a traduit la légende d'*Alain Chartier*. Le poète, endormi, est rencontré par la princesse Marguerite, qui le baise sur la bouche. Le sujet est charmant. Mais pourquoi Alain dort-il lourdement comme un bouvier et la princesse est-elle si niaise?

Nous préférons la *Toilette de Marguerite*, par M. Bohm. Ce qu'il y a de remarquable dans la création de Gœthe, c'est la simplicité des éléments qui ont concouru à former le type. J'ose à peine le dire, Marguerite est presque vulgaire pour des esprits habitués aux étranges conceptions modernes. C'est une jeune fille chrétienne, naïve, un peu coquette, comme tant le sont. Mais les détails sont si exquis, que Marguerite devient une idéale création. Et d'ailleurs, l'amour le plus simple, la passion la moins romanesque, pourvu qu'elle soit vraie, ne suffit-elle pas pour grandir celui qui les porte au cœur? Vêtue de bleu et de noir, Marguerite se regarde dans sa glace. Elle arrange, dans ses cheveux blonds, les bijoux qui lui viennent de Faust, du beau jeune homme qu'elle aime sans le connaître bien encore, qu'elle devine, qu'elle admire sans le comprendre. C'est ainsi que les femmes aiment souvent. Il y a dans sa physionomie une nuance charmante. Ces bijoux, qui sont de l'or pour Méphisto le corrupteur et pour dame Marthe, ne sont que des jouets pour elle. Un collier de verre lui plairait autant. Charmante coquetterie d'enfant, exempte de basses pensées! Au fond du tableau, le Méphisto traditionnel et dame Marthe, peinte avec énergie dans sa brutale et odieuse physionomie, entr'ouvrent la porte et contemplent la scène.

Nous avons insisté longuement sur les peintres qui traitent le moyen-âge. C'est que chacun de leurs tableaux éveille un souvenir que l'on aime à se rappeler, quoiqu'il soit, le plus souvent, triste. Nous passerons rapidement sur les robes de soie et les mièvreries des élèves de M. Willems qui, seul, a le droit d'être banal, grâce à son habileté inouïe. Les artistes que nous avons cités ont, d'ailleurs, presque tous, un talent réel de facture. Mais pourquoi tant de convention dans la couleur? Qu'ils prennent bien garde au pastiche! Mieux que les conseils de la critique vaudra, pour les détourner de cette voie, la vue des toiles de MM. Hurter, Tissot, Lies. Ce dernier, que personne ne confondra avec M. Leys, expose les *Maux de la guerre*, composition lourde et banale. M. Tissot a une *Promenade* qui nous plairait sans son archaïsme prétentieux. M. Hurter, enfin, nous montre la *Translation d'un tableau de Cimabué*, et se croit obligé à reproduire les incorrections des maîtres du XVe siècle, dont il n'a pas les qualités. Nous ne sommes pas plus partisan de ces curiosités que des statues polychromes de M. Simart. Une perfection absolue peut seule les rendre intéressantes, et ce n'est pas M. Lies ou M. Hurter qui l'ont. N'oublions pas que l'homme et le soleil ont peu changé, et que, pour être vrai dans le passé, il faut surtout étudier le présent. L'archéologie nous rendra les ameublements, les costumes, la coupe de la barbe et la forme de l'épée; mais l'étude de la figure humaine nous donnera seule la vérité dans la passion.

III

Peinture de genre. *(Suite).*

L'histoire contemporaine est plus défigurée, plus faussée en mille points que l'histoire du moyen-âge, que nous ne connaissons cependant que par des documents restreints, et rarement officiels. Les passions et, mieux qu'elles, les lâches complaisances et les flatteries à toutes les réactions, altèrent les faits, changent les hommes. Après l'évolution glorieuse de février, quand on vit au pouvoir des hommes humains et indulgents, on se prit à les insulter dans leurs devanciers de 1789. Traduisant sur la toile les doléances du parti vaincu, certains peintres prirent part à la réaction : parmi eux, M. Muller, qui exposa sous le titre de l'*Appel des condamnés*, une grande machine mélodramatique. La facture en était assez élégante. Cette dernière qualité disparaît dans l'*Enlèvement des Irlandaises Catholiques*, pâteux enchevêtrement de femmes aux gestes exagérés et de cavaliers empruntés au repertoire des *traîtres*.

M. Gigoux nous a montré une *Arrestation sous la Terreur*. Un commissaire, - dont M. Grassot a probablement inspiré l'idée à M. Gigoux, — coiffé d'un foulard jaune, se présente, suivi de deux soldats directement empruntés à l'Opéra-Comique, chez une femme à la face idiote, dont un enfant contrefait embrasse les genoux. — Cela vaut un article du *Constitutionnel* sur l'hydre de l'anarchie.

Nous n'aurions pas, grâce au peu de valeur de la peinture, à nous occuper du tableau de M. Gigoux et de ceux de MM. Coroenne et Vibert si nous ne regardions comme un devoir de protester contre certaines exagérations. Nous portons le plus profond respect aux pieux souvenirs qui environnent Louis XVI et sa famille dans l'esprit de leurs partisans. Nous ne nous occupons nullement de vérifier la vérité de la légende tant qu'elle n'attaque pas des hommes que nous aimons. Libres les amateurs de merveilleux et de sublime de croire que le confesseur de Louis XVI a prononcé le mot fameux : « Fils de Saint-Louis, montez au ciel ! » Mais, ce que nous ne saurions admettre sans mot dire, c'est que M. Coroenne, par exemple, dans un tableau imité de Greuze, et intitulé : la *Séparation du Dauphin et de sa Famille*, nous montre un commissaire parlant à la reine le chapeau sur la tête et se faisant escorter d'hommes à demi-nus. Le tableau de la misère de l'intérieur royal est également exagéré. Nous savons bien que des employés subalternes ont pu agir sans respect envers les maîtres déchus, mais la Convention qui avait voté six cent mille francs pour l'entretien de la famille royale en sa prison, les a toujours désavoués et punis. Quant à la *Visite domiciliaire* de M. Vibert, puisque nous nous sommes permis d'écrire *hélas !* à côté du tableau de M. Gleize, nous écrirons *holà !* à côté du sien.

M. Patrois a eu un but bien plus élevé en peignant la *Ruine au jeu*. Il a cherché à impressionner ; mais, selon nous, les moyens dont il a fait usage, péchent par leur invraisemblance évidente. Deux jeunes gens ont joué. L'un reste ébloui devant l'or qu'il compte. L'autre, désespéré, se trouve en présence de sa mère et de sa sœur, qui semblent lui reprocher sa faute. C'est au retour de la salle de jeu qu'il fallait peindre cette scène, ce n'est point en public que s'élèvent ces tristes contestations. Ce qui, pour nous, est surtout émouvant dans le spectacle d'une assemblée de joueurs, c'est la froide politesse, c'est la glaciale parole de tous ces cœurs agités. « C'est bien, monsieur ! cela fait mille louis de plus. » Voilà les seuls mots que prononce un homme bien élevé qui vient peut-être de perdre sur une carte les dernières économies de sa femme. Il faut le dire, cette façon de comprendre le sujet, n'eût, il est bien possible, conduit le peintre qu'à une toile froide et ennuyeuse. La plume seule est capable de rendre certaines nuances imperceptibles, de saisir l'ironie dans la politesse, la douleur dans le sourire. Si M. Patrois a été amené par ces considérations à comprendre son œuvre ainsi qu'il l'a fait, nous n'avons que des éloges à lui donner : il y a du mouvement et de la vie ; l'expression des figures est énergique ; — Diderot l'eût aimée.

La peinture des passions et des misères humaines est un beau et difficile sujet d'étude. Tout en restant vrai pour émouvoir, il faut pour ne pas repousser les honnêtes gens, rester élégant et de bon goût. La misère qu'a chantée Béranger, — bien que de mauvais goût, — a pourtant un côté joyeux et qui charme au premier abord les imaginations grossières. Ce ne sont point ces tableaux que nous demandons à l'artiste. Nous ne portons nul intérêt à la gêne du célibataire égoïste et grivois qui chante son unique habit en médiocre style. — Nous voulons des tableaux analogues à celui de M. Gleize, *A la porte d'un changeur* (1857), — nous nous plaisons à ces contrastes qui portent en eux une frappante moralité. Malheureusement l'art a besoin de certaines conditions de pittoresque et de beauté et le malheur entraîne après lui tant de désordres et de laideur, que sa reproduction est toujours pénible, quand elle est vraie ; de là, peut-être, le nombre restreint des artistes qui abordent de tels sujets.

De toutes les conditions misérables, celle qui a le plus excité l'intérêt des artistes, est sûrement celle des saltimbanques et des comédiens de bas étage. Depuis l'époque de Scarron, qui les a chantés dans leur joyeuse insouciance, on a célébré leur talent, leur courage, ou bafoué leurs ridicules et flétri leurs vices ; on a peut-être un peu oublié leur misère.

M. Magy, en passant derrière une baraque de la foire, a jeté un coup-d'œil sur le misérable foyer en plein air, et en a fait un charmant tableau. Le jeune drôle qui se tortille sur un tambour, le mélancolique et pâle paillasse, la jeune fille qui soulève des poids et marche sur la corde raide, tout, jusqu'au grand cheval efflanqué qui traîne la famille de ville en ville, est bien observé et bien rendu.

— Un jour n'est pas loin où ce tableau, piquante et triste réalité aujourd'hui, sera un souvenir seulement. Paillasse s'en va, Polichinelle périt, et les tréteaux en plein air de Bobêche n'ont plus d'admirateurs. Le rire franc qui accueillait la pendaison du commissaire est mort sur nos lèvres, et Florian ne rencontrerait certainement pas un bas de soie aristocratique s'il lui arrivait de s'arrêter encore aux Champs-Elysées, à voir Arlequin dupant Cassandre.

M. Marchal a franchement abordé une des plus délicates questions de la sociologie moderne dans deux toiles intitulées : *Peine perdue* et le *Dernier baiser*. Il l'a fait à la façon des artistes, c'est-à-dire sentimentalement et sous la forme la plus émouvante. Dans une chambre propre et bien rangée, à côté d'une fenêtre couverte de fleurs, une ouvrière, que M. Marchal a eu le talent de ne pas faire ressembler à une grisette de Paul de Kock, poursuit laborieusement sa tâche. A côté, ayant quitté le carton qui lui sert de prétexte à s'introduire, une vieille femme, bijoux et offres en main, tente son œuvre de corruption. L'ouvrière continue sa tâche et ne regarde même pas. On le devine, c'est *peine perdue*.

Oui, mais viendra l'hiver, viendront les mauvais jours, le chômage, la maladie, les termes arriérés. Le mont-de-piété ne suffira plus à nourrir la pauvre fille qui verra la faim

Soulever en chantant les rideaux de sa couche ;

Elle succombera, car la société, qui feint de la protéger contre la séduction par une loi illusoire, a fait semblant de ne pas comprendre que le seul moyen d'assurer la vertu d'une fille qui vit de son travail était d'assurer ce travail.

La voilà, peut-être cette même fille qui travaillait si courageusement dans sa mansarde, au printemps, en regardant ses fleurs se tourner vers le soleil, vêtue d'une robe sombre, couverte d'un fichu qui fait deviner l'absence de corsage, laissant sur la neige l'empreinte de ses souliers trop grands, elle s'est approchée du tour ; — dernière ressource qu'un arrêté, émané nous ne savons d'où, a restreinte encore en faisant disparaître le triste bénéfice de l'anonyme pour la mère qui délaisse son enfant ! — Courbée en deux, elle embrasse la pauvre créature ; on aperçoit au fond la rouge clarté d'une salle d'hôpital.

Ce tableau, d'une idée élevée et saisissante, nous satisfairait entièrement, n'était la pose dure et tourmentée de la mère. Mais l'émotion qu'il porte avec lui fait que ceux qui le regardent l'aiment avant de l'analyser, et c'est le plus bel éloge que nous en puissions faire.

M. Marchal a évité la vulgarité, grâce à son tempérament. C'est l'écueil des sujets analogues. La vue du malheur est si lourde à porter pour ceux qui pourraient le soulager et ne le font pas ! Avec de semblables tableaux, M. Marchal peut se créer un rang à part, à côté de Tassaert, le poète à qui nous devons quelques toiles si émouvantes, si grandes, si belles, — éloquentes prédications de charité et d'amour.

La liste des peintres qui aiment à émouvoir par la vue des infortunes modernes est courte. Elle s'arrête ici. A eux nos sympathies et nos applaudissements. Pour faire ressortir ce qu'il y a en eux d'élevé, occupons-nous de suite des faiseurs, des peintres précieux, des gros sous de M. Meissonnier, comme on l'a dit assez durement.

Parmi ces artistes on trouve des talents sérieux, M. Fichel, par exemple. Mais plus l'habileté d'un peintre est grande, plus nous déplorons qu'il l'applique à des sujets mièvres et insignifiants, en admettant qu'un monsieur qui déjeune soit un sujet de tableau. Nous savons qu'il serait ridicule de vouloir convertir la peinture en un cours de morale : certains tempéraments ne s'élèvent pas au-dessus du pittoresque ; mais, sans vouloir exiger que les peintres précieux abandonnent leur genre ou agrandissent les proportions microscopiques de leurs toiles, on pourrait, ce nous semble, leur demander une préoccupation plus sérieuse de l'idée, une recherche quelconque de l'intérêt. En littérature, comme en peinture, où il n'y a que l'habileté et le style, il n'y a que des rhéteurs et non pas des artistes.

Parmi les miniaturistes, — car on peut les appeler ainsi, — M. Fichel a, selon nous, le premier rang, et certes, ce n'est pas le fini exquis de son faire qui nous charme seulement. Le *Déjeuner* est un chef-d'œuvre ; mais Meissonnier eût mieux fait peut-être. Les deux toiles qui nous plaisent surtout sont la *Bibliothèque* et le *Café de province*. Il y a vraiment, dans la dernière, une observation habile. Les joueurs d'échecs, les désœuvrés qui fument, tout respire le calme, l'ennui, la petite ville. Nous engageons M. Fichel à renoncer aux succès d'étonnement que lui vaudront des toiles comme le *Déjeuner*, et à chercher mieux puisqu'il nous prouve qu'il le peut.

M. Chavet n'a pas la même finesse d'exécution. Ses *Souvenirs d'Afrique* sont d'une touche molle et hésitante.

M. Fauvelet, après nous avoir donné son *Fumeur*, retourne à ses colorations verdâtres et nous montre un *Van-Loo* pesant et maniéré.

MM. Lafon *(Causerie)*, et M. Plassan *(Famille)*, déploient un immense talent à faire sur la toile de la peinture sur porcelaine.

M. Dufourmantelle et M. Vetter peignent un peu plus largement, et dans une gamme de tons plaisants, un *Jeune homme réparant un casque*, et un *Gentilhomme qui met ses gants et part pour la promenade*.

Nous ne citons que les maîtres en cette peinture maniérée, exquise, raffinée et sans portée, qui nous rappelle les rondeaux de Benserade et plus souvent encore les sonnets de Trissotin.

M. Hillemacher nous a montré l'ennemi des pédants et des précieuses, le grand *Molière consultant sa servante* et suivant d'un regard inquiet le rire épanoui à ses lèvres rouges. C'est une toile bien traitée, quoique la figure de Molière n'ait peut-être pas toute la grandeur que lui donnent ses portraits. A côté de Molière il nous donne Boileau. — Espérons qu'il n'a pas voulu faire un pendant à l'auteur du *Misanthrope* avec l'auteur de l'*Art poétique*, et qu'il n'a pas songé à faire entrer en parallèle le génie de l'un et la froide science de l'autre.— Poudré, avec l'air d'un régent de classe, Boileau se promène dans son jardin d'Auteuil. Il étonne de ses gestes Antoine, son jardinier, et fait envoler les oiseaux en poursuivant cette rime que les vrais poètes ne cherchent pas des journées entières. Cette pédantesque apparition m'a rappelé les jolis vers de Hugo :

> Denise, ton mari, notre vieux pédagogue
> Se promène : il s'en va troubler la fraîche églogue
> Du bel adolescent Avril dans la forêt.
> Tout tremble, et tout devient pédant, dès qu'il paraît :
> L'âne bougonne un thème au bœuf son camarade ;
> Le vent fait sa tartine et l'arbre sa tirade ;
> L'églantier verdissant, — doux garçon qui grandit —
> Déclame le récit de Théramène et dit :
> « Son front large est armé de cornes menaçantes. »

Un peu plus de largeur dans la touche et une certaine recherche de l'intérêt historique distinguent les peintres qui s'occupent du XVIIIe siècle des précieux faiseurs de robes de soie et de couvertures brodées. M. Caraud, après nous avoir fait assister à une représentation d'*Athalie* par les demoiselles de Saint-Cyr, devant le roi Louis XIV et sa dévote maîtresse, — deux figures froides et malsaines — nous initie au boudoir de la Du Barry. Le roi appuyé sur la cheminée sourit à la courtisane qui, jetant des oranges en l'air, crie de sa voix flûtée : « Saute Choiseul ! saute Praslin ! » Cette toile, d'une facture mignarde, ne vaut pas pour nous le *Billet surpris*, et surtout la *Lettre de recommandation*. Un jeune homme à l'air timide a présenté à une vieille mère la lettre introductrice. Tandis qu'elle la parcourt d'un air défiant à grand renfort de bésicles, sa jeune fille baisse les yeux et regarde en coulisse le nouveau venu qui supporte bravement ce regard commenté par l'insolent sourire de la soubrette.

Citons pour mémoire les *Chasses* de M. Lépaulle, que nous ne saurions analyser ; car là où il n'y a rien à louer, l'œuvre de la critique est aussi inutile que pénible, et des considérations exceptionnelles, telle que la vérité historique, peuvent seules l'y pousser.

M. Shlesinger a traduit, ce nous semble, bien que le livret ne dise mot, sous ce titre : « *En l'absence de la maîtresse*, » le début d'une comédie de M. Th. Gautier. La maîtresse, une belle impure, fait refuser sa porte, et le duc, le vicomte et le banquier, insistent auprès de la soubrette moqueuse, impatients qu'ils sont de parler de leur bravoure, de leurs chevaux, de leurs sonnets et de leur argent. La facture est soignée, habile.

Mais, entre tous ces tableaux d'un genre analogue, nous préférons une charmante fantaisie de M. Voillemot. Abordant franchement le style rococo, se livrant sans réserve à la couleur ventre de biche et cuisse de nymphe, dans une gamme claire du plus élégant mauvais goût, M. Voillemot a placé une soubrette endormie, une vraie soubrette du Théâtre-Français, gaie, coquette, même en son sommeil. Le balai oublié au coin du salon explique la blancheur de ses mains. Grimpé, vis-à-vis de la dormeuse, sur le dos d'un fauteuil où il s'y tient un peu problématiquement, un Amour agite devant les yeux entr'ouverts de Dorine un pantin habillé en garde française. La fille sourit à ce rêve; à terre, gisent, marionnettes méprisées de la belle, un abbé, un marchand, un clerc de notaire. Comme un gentilhomme qui s'encanaille, M. Voillemot s'est mis à avoir du mauvais goût; et il y a si bien réussi que son œuvre et charmante de tous points.

Pompéistes. — M. Hamon a transporté à Athènes la fantaisie de M. Voillemot. Il est le chef de l'École Pompéiste. A lui nous devons ces petits amours et ces improbables jeunes filles, qui seraient mieux sur des éventails que dans des cadres. A lui nous devons ces quintessences amphigouriques dont le plus grand mérite est l'obscurité. Cette école mièvre, contrefaçon de l'antique, s'est, — en dénaturant la belle simplicité grecque, — appliquée à se donner un semblant de vérité par une recherche archéologique parfois excessive. Elle a coiffé de bandelettes des jeunes filles de la régence élevant des cantharides, et revêtu de la tunique blanche des matrones qui lisent Crébillon fils. Elle a fait pour la Grèce ce que Benserade a fait pour Ovide : elle l'a traduite en rondeaux.

Une jeune fille, dont une porte brisée ne laisse voir que les yeux, regarde frapper de ses doigts roses un amour, joli bambin bien modelé, mais aux yeux d'un vert étrange. Cela s'appelle l'*Amour en visite*, et M. Nadar, avec plus de vérité que de bon goût, l'appelle : *Ma sœur y est*. La peinture de M. Hamon, un peu plus solide qu'il y a deux ans, n'est pas dénuée de charmes. Son dessin a quelque grâce dans sa prétention.

Ces qualités, qui sont suffisantes pour appeler l'attention, disparaissent chez les imitateurs assez nombreux de M. Hamon. Nous n'en parlerons donc pas, et nous ne nous occuperons que des artistes qui ont plus sérieusement cherché à nous initier à la Grèce. — Nous avons parlé, ailleurs, parmi eux, de M. Masse.

M. Mottez a également demandé son sujet à l'histoire anecdotique des courtisanes, histoire si féconde en cette terre, qui honorait les libres amours. C'est une des plus belles légendes de la Grèce. Phryné, de Thespie, allait être condamnée par l'aréopage; son défenseur Hypéride ouvre ses vêtements et montre aux juges éblouis les seins superbes de la courtisane. Infiniment plus sensibles aux beautés plastiques que les procureurs modernes, les sages Athéniens firent grâce. Si pareille chose arrivait de nos jours, les gendarmes voileraient de leurs mains épaisses la poitrine délicate et splendide de Phryné, à qui pareille fantaisie vaudrait un mois de prison. Car depuis l'invasion du spiritualisme catholique, l'amour de la beauté plastique a disparu, et la pudeur est devenue pruderie. Les modernes mettraient

Une feuille de vigne à l'astre dans l'azur.

M. Mottez a placé cette scène la nuit, sur une estrade élevée. Sans doute il a ses autorités pour cela. Mais au lieu du ciel pur, bleu et éclatant de l'Attique, pourquoi cette pâle lune, qui semble faite pour éclairer les montagnes du Brocken plutôt que les temples d'Athènes.

M. Hillemacher a été mieux inspiré dans son paysage de l'île de Crète. Cela est bien bleu et blanc, éclatant et gai. Mais nous ne pouvons louer les personnages. Jupiter aux mains des nymphes qui le font nourrir par la chèvre Amalthée, tandis que les Corybantes frappent sur leurs boucliers pour étouffer ses cris, a la mièvrerie d'un Amour d'éventail. Les Nymphes, elles aussi, n'ont pas cette dignité que l'antiquité attribue à ses déesses, et qui n'exclut pas la grâce. Les modernes aiment par-dessus tout la femme coquette, provocante, amoureuse. Il n'en est pas ainsi chez les anciens. La Bible, Homère, les lyriques la représentent, par-dessus tout, digne et sévère, et Virgile ne sait mieux louer la beauté qu'en s'écriant pompeusement :

Et vera incessu patuit dea.

M. Laugée s'est-il inspiré de Chénier? Quoiqu'il en soit, sous le titre, la *Leçon d'équitation*, il nous montre un charmant enfant, thyrse en main, essayant de dompter une capricieuse chèvre. Ce tableau est gai et de bonne grâce. La lumière court sur les feuilles. La touche est large. C'est une bonne toile, bien saine, et qui confirme le passé de M. Laugée.

M. Boulanger, l'auteur distingué des *Choassa*, promettait mieux. Sa *Lucrèce* est froide, et l'on ne devine pas sur ses traits la passion orgueilleuse de la patricienne, qui se tue pour être plus sûre d'être vengée. — Sa *Lesbie* minaude.

C'est cette même afféterie que nous reprochons à *l'Amour blessé*, de M. Bouguereau, toile infiniment plaisante par sa couleur.

M. Coomans, enfin, expose une *Vérité*, qui, si elle se regardait au miroir qu'elle tient en main, se trouverait bien rousse et bien tortue. C'est à préférer la Fable qui l'accompagne. M. Coomans a des qualités de mouvement. Il l'a prouvé dans son *Orgie des Philistins* (1857). Nous pensons qu'il sera mieux dans sa voie en traitant des sujet analogues.

Il y a une classe de peintres, dessinateurs purs et gracieux, coloristes timides, mais charmants, qui se rapprochent plus ou moins de M. Gleyre (*Illusions perdues*), dont M. Hamon n'est que la maladive dégénérescence. La fantaisie préside au choix de leurs sujets. Tantôt interrogeant le passé, tantôt s'inspirant des temps modernes, ils gardent merveilleusement leur tempérament calme et gracieux. Cette peinture intelligente s'adresse aux esprits rêveurs, — j'eusse dit aux femmes, si leur admiration pour M. Hamon et M. Dubufe ne m'eût inspiré de la défiance pour leur goût.

Chastement enveloppée, comme la Polymnie, une jeune fille, assise au bord de la mer, rêve tristement et doucement. M. Aubert a su saisir cet âge où la jeune fille devient femme, et entrevoit vaguement les bonheurs et les douleurs de l'amour, et il en a fait une toile émue, chaste et amoureuse à la fois.

M. Lehmann (Henry) a été bien moins inspiré dans le *Pêcheur et l'Ondine*. Il n'y a rien d'idéal dans cette ondine, mythe gracieux du vertige que cause l'eau ; c'est une grosse fille qui se livre, vis-à-vis des pêcheurs, à des agaceries de pauvre goût en câbrant ses reins épais. Nous préférons les *Bacchantes*, qui jouent dans l'air, et font ressortir, sur le ciel bleu, leurs formes exquises. — L'*Hébé* de M. Battanchon et la *Vénus* de M. Schutzenberger ont les mêmes qualités. Ce n'est pas la Vénus voluptueuse des Grecs,

> Qui féconde le monde en tordant ses cheveux.

C'est la Vénus froide et vague du Nord, entrevue, par les claires nuits de septembre, sur l'Océan.

M. Schutzenberger a exposé une seconde toile sereine et douce. Un vieillard, un pâtre apprend à son fils à connaître les étoiles : ce n'est certes pas Béranger, avec sa chanson philosophique, qui a inspiré *les Premiers Astronomes*. Nous croyons plutôt que le peintre s'est rappelé les beaux vers de Hugo, sur *l'Aube* :

> Un immense frisson émeut la plaine obscure.
> C'est l'heure où Pythagore, Hésiode, Épicure,
> Rêvaient. C'est l'heure où las d'avoir, toute la nuit,
> Poursuivi, dans le ciel, une étoile qui luit,
> Pleins d'horreur, s'endormaient les pâtres de Chaldée.

M. de Curzon, qui a consacré son talent si distingué presque exclusivement à l'Italie, a été séduit par l'histoire charmante de Psyché. Il nous montre la jeune fille rapportant à Vénus la boîte que sa persécutrice l'a envoyée chercher aux enfers. Raphaël a toujours représenté Psyché sous la forme d'une belle et puissante jeune femme. Son œuvre, admirable au point de vue de la forme, laisse à désirer quant à l'interprétation du mythe. La Psyché a quelque chose de l'enfant, et c'est ce côté que M. de Curzon a étudié. Une couleur un peu pâle, mais délicate, une recherche exquise de l'expression recommandent sa toile. C'est, par dessus tout, de la peinture intelligente.

Nous aimons l'idéal et jusqu'à un certain point nous reconnaissons au peintre le droit de créer. Mais nous ne pouvons applaudir à cette beauté sans expression, qui ne se recommande que par une pureté de lignes qui n'est peut-être que de la froideur et que M. Gendron semble affectionner. Ses *Funérailles d'une Jeune fille à Venise*, malgré la recherche de la composition, nous touchent peu.

La jeune fille étendue morte sur la gondole, le prêtre, toutes les figures enfin ont le même caractère. Quand il s'agit de l'homme, il faut, pour émouvoir, plus de vérité. — La *Délivrance* est un sujet de fantaisie pure, emprunté à l'histoire des fées, dit le livret. Monté sur un hippogriphe qui fend l'air, un beau cavalier couvert d'armes éclatantes, se retourne vers une femme nue suspendue à son cou et qu'il enlève. Le modelé de la femme est remarquable, et l'expression de terreur et d'amour est habilement rendue. Mais le cavalier a des allures de Phœbus de Chateaupers d'une révoltante fatuité. Nous pensons que M. Gendron est en décadence sur lui-même, et cependant nous avons foi que son talent, avec un peu plus de force et de vérité, pourra rencontrer des succès encore.

M. Landelle a choisi un sujet exquis dans les œuvres de Mme Sand Personne n'a oublié le merveilleux poème de *Teverino*. Parmi les personnages qu'y fait vivre le grand romancier, un des plus charmants est sûrement la jeune fille aux oiseaux. M. Landelle a deux fois fait preuve de goût dans le choix de ses sujets, par le *Pressentiment de la Vierge* et la *Jeune fille aux oiseaux*. Malheureusement il n'a pas été toujours heureux dans leur exécution. La couleur est dure et criarde quand elle veut être énergique. La pose de la jeune fille a quelque chose de théâtral sans la naïveté qui doit accompagner son innocente mise en scène. La figure n'a pas cette expression moitié sauvage et moitié rêveuse qui fait la *morbidezza* de l'héroïne de Mme Sand; mais on peut, sans réserve, louer la précise correction de la silhouette.

M. Antigna, outre une *Scène de chouannerie* d'une couleur violente et d'une mise en scène emphatique, expose deux *Baigneuses* : l'une, à demi vêtue, cherche à frapper d'une baguette une couleuvre qui entoure le pied de sa compagne effrayée. La pose est bien étudiée, mais la couleur rosée des chairs a quelque chose de conventionnel qui ne sied guère qu'à la peinture décorative. Nous préférons les gamins qui descendent dans une voiture improvisée une pente rapide. Il y a de l'esprit dans ce tableau peint dans des tons clairs et plus plaisants que vrais.

M. Antigna, qui va de la peinture de genre à la peinture d'histoire, semble chercher sa voie. Il l'a trouvée, selon nous, dans le *Sommeil de midi*. Au milieu des oseraies vertes, largement éclairées par le soleil, une enfant s'est endormie, couchée sur le dos, avec l'abandon des campagnards qui semblent plus dormir à la fois que les autres hommes. C'est une toile de mérite et qui confirme les promesses du *Rebouteur* (1857).

Le Jury a refusé la *Vénus* de M. Chaplin, sous prétexte d'indécence. Nous ne comprenons rien à ces pudeurs effarouchées. Le Salon n'est pas fait pour les petites filles. Les grandes figures nues sont chastes, d'ailleurs, excepté pour les imaginations déréglées. La *Vénus* de M. Chaplin était, certes, aussi pudique que bien des tableaux reçus. Cette exclusion nous empêche de parler de cet artiste, que nous ne voulons pas juger sur deux figures décoratives et un petit tableau d'un travail précieux, mais sans largeur et d'une teinte rose d'éventail.

M. Diaz nous avait habitués à un coloris chaud et transparent, à une composition harmonieuse, à un dessin plaisant, si ce n'est juste. Il ne reste presque rien de ces qualités aux tableaux exposés cette année. Les chairs sont blanches, mortes, sans mouvement. Le rayon de soleil s'est voilé, et nous n'en retrouvons quelque reflet que dans un paysage : la *Mare aux vipères*.

M. Nanteuil a précieusement gardé ses qualités. Sa composition est toujours habile et complète. Une poésie pleine de charme distingue ses toiles. —*Ivresse* est une ronde de faunes et d'amours pleine de mouvement et de vie ; la couleur seule laisse peut-être un peu à désirer par sa sécheresse. Ce n'est pas le défaut habituel de M. Nanteuil. Sans doute il a fait là un de ces essais que les artistes vraiment doués aiment à tenter. Nous préférons, pour nous, la facture si remarquable de *Souvenirs* (1855).

IV

La peinture de genre *(suite).* — Nous avons à nous occuper maintenant d'une classe de peintres qui tient plus ou moins à ce que l'on a appelé *le réalisme*. De ces artistes, les uns s'inspirent des plus plates scènes de la vie bourgeoise : leurs toiles, précieuses pour les futurs archéologues, n'ont d'autre intérêt qu'une habileté de facture souvent très-grande. Les autres font de véritables études de mœurs : laissant de côté les types sans accent et sans intérêt, ils cherchent à Paris, au village, dans la province, les modèles intéressants, les mœurs curieuses. Ils refont sur la toile l'œuvre de Balzac, et, comme le grand écrivain, ils composent leurs sujets et leurs personnages.

M. Breton est de ceux-là.

La *Plantation d'un calvaire*, est un des tableaux les plus remarquables du Salon. Un long mur gris occupe le fond de la toile; quelques toitures de chaume le dépassent à peine. De l'église dont le porche occupe la droite, sort une longue procession qui se rend dans le cimetière. Des jeunes gens ont déjà élevé la croix ; il faut y clouer l'image du Christ que quatre moines d'un grand caractère portent sur leurs épaules. Les notables du pays, cierge en main, font dévotement la haie. Une jeune fille tient un blanc étendard ; trois autres, — que M. Breton a faites un peu trop poétiques peut-être, — les cheveux épars sur leurs vêtements blancs, portent la couronne et les clous sacrés. La foule respectueuse s'empresse derrière elles. — Le morceau le plus remarquable est une fille du peuple donnant la main à un petit garçon : il y a une puissance de vérité vraiment étonnante dans cette figure. Malheureusement M. Breton, pour faire valoir ses personnages, les entoure parfois d'une ombre noire qui les encadre à la façon d'un liseré. Mais ce n'est là qu'un mince défaut à côté des mérites de cette vaste composition, bien ordonnée, calme et pourtant intéressante. Ces figures malheureuses ou ennuyées portent toutes le cachet de la résignation, de la religion des faibles et des souffrants. C'est, en même temps qu'un beau tableau, une page de philosophie ; car l'aspect triste de cette toile inspire de la répulsion pour le sombre dogme de la souffrance.

On se souvient du succès de M. Knauss en 1855, et surtout de son spirituel tableau, la *Noce allemande*. M. Breton nous l'a fait oublier en traitant un sujet qui a quelque analogie avec le thème de M. Knauss. Il a appelé sa toile le *Lundi*. — Dans un cabaret de village un paysan et un garde champêtre se sont attablés. Selon l'usage des paysans, ils se sont sans doute porté un défi. Tous deux sont effroyablement ivres : le garde laisse retomber sa tête chauve, allonge sa lèvre et s'endort. Son ami, plus bruyant, semble chercher dispute à tout le monde. Chez le paysan et chez l'ouvrier, la femme, forte de sa maternité, intervient dans la vie de son mari ; elle l'arrache au jeu, au cabaret et le ramène à la maison. C'est ce que tente une grande et robuste paysanne que reçoit mal le buveur aux allures tapageuses. Ce groupe, compliqué de quelques personnages accessoires, est un beau morceau de peinture, sans poésie, mais d'une observation vraie et puissante.

M. Breton est poète aux champs ; et bien que le *Rappel des glaneuses* eût dû être apprécié ailleurs, nous en parlerons ici pour ne pas diviser l'œuvre de M. Breton.

Le soleil est couché. Les derniers rayons rougissent les nuages à l'horizon. Appuyé, à gauche du tableau, sur un vieux tronc d'arbre, debout, — son chien à côté de lui, — faisant de ses deux mains un porte-voix, le garde champêtre rappelle les glaneuses. Elles s'avancent, formant des groupes variés, — la plupart jeunes, brunes et belles. Çà et là, une vieille femme d'un grand caractère. Au premier plan, M. Breton a placé une glaneuse d'une beauté absolue. Tandis que sa compagne se baisse et laisse voir sa gorge ronde, — semblable à une canéphore antique, la jeune paysanne s'avance, du pas grave des Italiennes de Léopold Robert, et de ses bras arrondis soutient une gerbe de blé qui fait légèrement plier sa tête. C'est une beauté puissante, élégante et saine, une nymphe antique avec le sang chaud et le teint bruni d'une paysanne.

M. Laugée, en abordant tous les genres de peinture nous force à parler souvent de lui, et c'est un plaisir pour nous. Ses *Maraudeurs* et ses *Petits amateurs* sont deux toiles gaies et spirituelles. — Dans un creux de chemin, deux gamins ont allumé du feu. L'un, couché à demi, surveille l'ennemi du dehors, un garde champêtre sans doute. L'autre, fait cuire le butin. — Ses amateurs sont deux bambins, frère et sœur, joufflus, roses et curieux. Ils ont violé la consigne et se sont introduits dans l'atelier du peintre. Quels grands yeux ils ouvrent devant une esquisse posée sur un chevalet. « Que cela est beau et qu'il est habile le monsieur de Paris ! » M. Laugée a fait preuve de goût en sachant sacrifier les détails inutiles à son sujet. En général quand il s'agit de représenter une scène dans son atelier, le peintre ne résiste pas au plaisir de peindre le sien. Il écarte ainsi, par la foule des détails intéressants, l'attention du spectateur que M. Laugée a su concentrer sur les deux enfants.

Il a bien fait, car ils sont naïfs et charmants. Combien je les préfère à ce bambin maniéré qui fait sa prière avec l'air grave d'un quaker ! M. Toulmouche manque de simplicité. Ses enfants, (la *Leçon*, le *Château de cartes*,) sont raides et empesés. On croirait voir une famille anglaise lisant la Bible, le dimanche. Il n'y a pas de grâce sur leurs visages, et les attaches des mains sont presque toujours sans délicatesse. M. Toulmouche a déployé une habileté inouie à peindre des étoffes en trompe-l'œil. Nous aimerions bien mieux un peu plus de vie et de mouvement dans ses tableaux.

C'est aussi la froideur que nous reprochons à M. Trayer. Sa *Famille pendant les vacances* manque de laisser-aller et d'abandon : cela a l'air encore d'une classe ; on sent plus de respect que d'amour chez ces enfants.

Nous trouvons plus de vie chez M. Hillemacher, dans la *Partie de billard* : un jeune homme qui initie une femme aux secrets du carambolage et un joyeux curé qui, tout en prenant part à la partie, savoure une prise de tabac, sont deux figures étudiées.

M. Meyer s'est voué aux effets de lumière. Nous aimons assez peu ces vocations qui rappellent les flamands et Van Schandel. L'artiste peut rencontrer un tableau charmant éclairé par la lumière factice d'une lampe ou d'un foyer. Mais il aurait tort, selon nous, de chercher sans cesse et exclusivement ces sujets. La *Tricoteuse diligente* qui travaille près d'un poële est, d'ailleurs, en dehors de l'habileté de l'effet de lumière, une belle enfant d'un mouvement agréable.

M. Merle, dans la *Lecture de la Bible* a trouvé l'occasion de modeler quelques têtes calmes et belles. Il y a de la distinction et une certaine émotion grave.

Le *Paysan*, de M. Bonvin, en train de lire le *Siècle* est un bon morceau, largement éclairé et finement observé. Même en reproduisant des types empreints de vulgarité, M. Bonvin sait ne pas être vulgaire.

M. Grosclaude n'a pas eu cette habileté dans sa *Lecture d'un bulletin de l'armée*. Son soldat et ses personnages ont plus de grossiéreté que de rondeur.

M. Pezous était le poète du soldat en bonne fortune. Il excellait à émailler le tapis vert des fortifications de tourlourous et de bonnes d'enfants. Il se glissait sous la tonnelle du marchand de vin où sapeurs et cuisinières esquissent des pas drolatiques. Cette année, outre quelques toiles dans son ancienne manière, M. Pezous expose une fantaisie intitulée : *Arlequin et Colombine*, et que nous trouvons un peu maniérée. La touche de M. Pezous, spirituelle dans les petits tableaux qui n'exigent pas de largeur, papillote dans les toiles de plus grande dimension.

Citons enfin les *Enfants* de M. Frère et les *Ramoneurs* de M. Sain.

Avec trois ou quatre tableaux de petite dimension qui ne sont que des études, Mme Browne expose une grande toile remarquable à plus d'un titre. Une *Sœur de charité*, rose et la tête entourée de la flatteuse coiffure blanche, tient sur ses genoux un enfant. Une autre sœur prépare une potion à côté. La figure de l'enfant malade est un chef-d'œuvre : ses grands yeux bleus ont le vague de la fièvre : ses jambes retombent épuisées sur la couverture de laine. Les sœurs ont l'expression de bienveillance un peu froide qui les caractérise en général. La touche est large et la lumière habilement répandue sur l'enfant. Mme Browne nous montre des religieuses dans leurs rapports avec le monde, et, — quoiqu'il représente une souffrance, son tableau n'attriste pas. On sent qu'il y a vie, échange de sentiments et de sensations.

M. Gautier nous fait pénétrer dans le cloître. Le mur élevé du jardin sépare du reste des hommes, les sœurs, — cœurs chauds et âmes ardentes peut-être ; — elles se promènent tristement, deux à deux, avec leurs pensées, qui, — chez les natures élevées, — rattachées au monde, sont presque toujours des regrets; car les vrais dévoûments se plaisent au milieu de la société, là où sont les plus grandes souffrances, et non dans le voluptueux égoïsme du cloître.

Bon nombre de peintres de genre, fatigués peut-être de la monotonie de nos costumes, demandent leurs tableaux à l'étranger. Quelques-uns, d'ailleurs, ne font que raconter le monde dans lequel ils vivent. — L'Allemagne, naïve encore dans ses mœurs, a bien inspiré M. Knauss. La *Cinquantaine* est un tableau gai, spirituel. La couleur en est certainement contestable, mais les détails enchantent l'esprit. Sous les arbres, les deux époux qui célèbrent la cinquantaine dansent gravement. Un ami s'approche d'eux. Les musiciens, éternellement altérés, soufflent dans le trombonne et le fifre. Une femme blonde aux yeux bruns, charmante, mais que nous connaissons déjà, allaite son fils. Deux fiancés de quinze ans, doucement heureux, se détachent de la foule, qui n'est peut-être pas assez sacrifiée aux groupes principaux. Le talent de M. Knauss en est toujours au même point. Il lui manque l'unité ; mais il a, dans le détail, d'inimitables qualités.

M. Anker semble chercher la manière de M. Knauss. Il nous conduit dans *Une école de la Forêt-Noire*. Filles et garçons sont groupés sur les bancs, en face du pupitre où, verge en main, règne le pédagogue tyran. A ses pieds, un incorrigible est à genoux. Toute honteuse, une jolie petite fille, un peu paresseuse sans doute, cherche au plafond sa leçon oubliée. Un gamin rageur pleure, les poings dans les yeux. D'autres se disputent dans un coin reculé de la classe, ou regardent, avec envie, la fenêtre, par où l'on devrait bien laisser envoler ces joyeux oiseaux.

Nous rencontrons encore dans la Forêt-Noire les *Joueurs de quilles*, de M. Brion, morceau d'une grande allure, auquel nous préférons, sans doute à cause de l'intérêt du sujet, l'*Enterrement sur les bords du Rhin*. — Une famille s'est réunie en pleurs. Elle a déposé dans une barque un cercueil qui va emporter tout ce qui reste d'un être aimé. La simplicité du paysage, le fleuve large et tranquille, ajoute à la douleureuse impression que l'on éprouve en face de cette toile.

La Suisse a conservé, en partie, ses usages et ses costumes d'autrefois. Mais ses habitants savent trop qu'ils sont pittoresques. Ils ont conservé l'extérieur naïf et sont devenus plus civilisés que des Parisiens. M. Leleux nous introduit dans les châlets et les intérieurs. Ses tableaux, un peu noirs, ont du charme et de la grâce. Malheureusement M. Scribe a tué Betly, et l'on ne peut voir un corsage de velours sans songer à l'opéra-comique. La raison de ce sentiment est sans doute dans cette absence de naïveté qui fait que les Suisses raffinent la vie primitive, et font de la couleur locale avec connaissance de cause et préméditation, — comme M. Gautier qui, en Espagne, s'habillait en Andaloux, un pot de fleurs brodé au milieu du dos.

Les Bretons, eux, sont de vrais sauvages. M. Fortin sait les peindre dans toute leur âpreté. — M. Luminais aime aussi cette contrée étrange, qui vit en retard de plusieurs siècles et qui n'est qu'à dix heures de Paris. Mais, dans ses tableaux, tout, jusqu'à la signature en spirale, est entaché de prétention et de trop de recherche. La *Scène de cabaret* est vigoureuse et bruyante; nous lui préférons l'*Épave* : un jeune gars et sa sœur ont trouvé sur le rivage, au milieu des rochers, une malle que la tempête a poussée à terre. Ils en retirent un masque, un éventail, mille brimborions, qui les étonnent et les effraient presque. C'est une toile spirituelle et bien peinte.

Un élève de M. Luminais, M. Roussin, sous le titre de *Misère et résignation*, nous initie à un de ces intérieurs bretons dont la misère paraît une fantaisie tant elle est grande. M. Roussin n'a pourtant dit que la vérité. Quelques propriétaires possèdent le sol en Bretagne, et, faute d'argent, ne font pas défricher les landes. Le paysan, rarement possesseur lui-même, trouve donc difficilement à louer son travail; aussi vit-il de privations.

Les privilégiés ont de belles armoires de noyer et un lit à couches superposées. C'est dans une de ces chambres que M. Gouezou nous conduit. Un jeune Breton, — cheveux longs, grandes guêtres, et pourpoint blanc, — cloue au mur le portrait de l'Empereur et de l'Impératrice, image grossière, qu'il a achetée un sou. La peinture de cette toile, intitulée un peu solennellement peut-être : *Catholique, monarchique et soldat*, est de bonne qualité et plaisante.

M. Van-Muyden est un railleur agréable. Il a visité les moines d'Italie, et, ne s'inquiétant pas de leur funeste influence au dehors lorsqu'ils prêtent la main au gouvernement des cardinaux, il les a montrés chez eux, en train de paresser et de bien vivre, ce qui n'est pas un grand péché; élevant des pies, jouant aux boules, dormant, buvant frais, et puis, comme dit Rabelais : « Combien sont-elles au vrai? — Vingt. — Combien en voudriez-vous? — Cent. » Ce doit être l'avis de ce *Frère capucin*, qui travaille à recoudre son vêtement de bure, dans sa chambrette, au soleil. Une cafetière bout à côté de lui et son chat attend patiemment le déjeuner qu'il partagera. — *La Visite du curé* est une toile gaie et d'une allure dégagée. Couvert d'un grand chapeau de Basile, le curé s'est assis bruyamment dans un large fauteuil. En face, un enfant qui n'a pas su son catéchisme, demeure tout interdit, tandis qu'une grande et belle fille, qui n'a pas l'air d'avoir trop peur du curé, cherche son plat favori dans une armoire de chêne. Nous regrettons que M. Van-Muyden n'ait pas, cette année, la facture ferme de 1855. Il s'absorbe dans le détail, et, que l'on nous permette le mot d'atelier, il cherche un peu *la petite bête*.

M. de Curzon a traité l'Italie en poète. Sa *Jeune mère*, type splendide de beauté, pure comme une madone, amoureuse comme une Madeleine, pardessus tout coquette et digne à la fois, ce qui est sa grâce, berce, en filant, un *bambino* blanc et rosé. — Les femmes de *Mola di Gaëta* ont le même caractère. Une vieille femme file, tandis qu'un enfant dévide le fil rouge qui va servir à la broderie de sa sœur. La chemise blanche, seul vêtement du joli enfant, peinte en pleine lumière, est un chef-d'œuvre d'exécution en dehors des préoccupations mesquines du trompe-l'œil.

La *Chapelle de San-Benedetto*, vue à l'intérieur, a les mêmes qualités. On ne pouvait mieux choisir pour donner une idée du culte italien. Les fresques sur fond d'or, le demi-jour, l'autel retiré et couvert de dorures, justifient le mot d'un voyageur qui appelait ces réduits les *Boudoirs de la Madone.* — M. de Curzon rapporte enfin d'Italie deux paysages, dont l'un est pour nous une page de maître. Les murs de Foligno limitent à gauche la vue. Dans un ruisseau qui se glisse à fleur de terre, des femmes, dans des attitudes nobles qui font songer au Poussin, lavent du linge. Le soleil s'est couché; l'ombre transparente est brune, et l'horizon a, çà et là, des reflets roses très-adoucis. Calme, tristesse, majesté, la terre de Rome est là!

M. Lehman (Rodolphe) nous montre une *Barque rencontrant des buffles dans un marais*: cette toile fait penser à la *Malaria*, dont elle n'a pas des qualités : la facture est sèche, trop lisse, trop propre ; il n'y a point d'humidité, point de vie.

Nous avons pensé à M. Hébert en voyant l'œuvre de M. Lehmann. *La Prédication à la chapelle sixtine* de M. Clère nous a remis en mémoire le beau tableau de M. Ingres. C'est faire à la fois l'éloge et le blâme de la toile de M. Clère.

M. Giraud appelle son tableau *Femmes d'Alger*. En Afrique, comme en Espagne, M. Giraud est resté fidèle à sa fantaisie plus qu'à la vérité.

M. Devéria n'est pas plus heureux dans sa *Halte de marchands espagnols*. Il n'y a pas d'air, pas de lumière.

Nous préférons l'œuvre de M. Dumas, et surtout les *Contrebandiers* de M. Zo. Dans une cour blanchie à la chaux, qui laisse apercevoir par une large ouverture le ciel bleu, deux contrebandiers, poseurs, fats, braves et hableurs comme tout Andaloux doit être, offrent des étoffes à des jeunes filles coquettes en les regardant d'un air avantageux. Un homme, adossé au mur, chante en grattant sa guitare.

M. Guillaume nous conduit dans les Pyrénées. Des *Espagnols malades se rendent à Cauterets*. Le paysage est triste, malsain. Une femme, pâle et chétive, descend la rampe sur un mulet. Un vieillard s'est adossé au rocher, n'en pouvant plus, prêt à mourir. C'est une page pleine de caractère.

M. Valério reste fidèle au Danube et nous montre des *Pêcheurs Tsiganes* dont nous aimons peu la coloration bitumineuse. Nous préférons mille fois les aquarelles de M. Valerio à ses tableaux, tout en reconnaissant son incontestable talent.

M. Bonhommé, sous le titre : *Histoire de la métallurgie*, expose plusieurs tableaux intéressants. Mais ce qui nous a surtout frappés, c'est la collection de types d'ouvriers, de contre-maîtres, d'ingénieurs. La comparaison de ces figures avec celles des paysans, des soldats, des bourgeois, des prêtres, donne à réfléchir et contient plus d'un enseignement.

La grande peinture à peu près abandonnée, le genre a pris une immense extension. On a pu le voir par le grand nombre de noms distingués que nous avons cités. Mais, là encore, l'on marche à l'aventure sans unité, sans doctrine, sans école. Nous ne trouverons ces précieux éléments de force que chez les paysagistes.

V.

Les paysanistes. — Il est une classe de peintres qui, tout en réservant une large place au paysage, en accordent une égale aux figures qui le peuplent. M. Du Camp les a appelés, avec assez de bonheur, les *paysanistes*. M. Leleux (Armand) est un des plus charmants parmi eux. De ses trois tableaux, un surtout, *Repas des bûcherons en Bourgogne*, est une œuvre plaisante et joyeuse. A l'ombre d'arbres touffus, au feuillage éclairé, les travailleurs ont fait leur cuisine primitive. Ils mangent de grand cœur. — La touche est grasse et spirituelle à la fois.

Ces mêmes qualités distinguent le *Triomphe de la fermière* de M. Guérard. Le battage des grains est fini. Les paysans des environs se sont réunis : les valets loués pour le travail sont demeurés pour la fête, et tous acclament et portent en triomphe la fermière, une jolie fille de seize ans, que l'émotion rend plus rouge que sa belle robe. Le costume pittoresque des paysans de la campagne bretonne, le mouvement, le soleil qui court sur les têtes aux longs cheveux donnent un charme singulier à cette fraîche et simple composition.

Le plus souvent ce n'est pas la joie que l'on rencontre aux champs. En dépit des bucoliques et des discours des présidents des congrès agricoles, le paysan mène une rude vie qui brise son intelligence, courbe son corps. Le besoin annihile en lui la pitié, la fraternité, le désintéressement que l'on trouve plutôt sous la blouse de l'ouvrier. Forcé de vivre de ses bras, sans rien qui assure son lendemain, il est bien souvent rapace, avare, méfiant ; ses défauts s'écrivent sur sa face ; il devient laid. Pourtant, que de poésie en lui pour qui sait la voir! Rompu aux fatigues, à demi-nu d'habitude, devant au laisser-aller de la campagne de ne s'être jamais plié aux manières ridicules du monde, il conserve une étrange grandeur d'allure. Voyez plutôt le *Semeur* de M. Hédouin. Dans un vaste champ défriché, au petit jour, à la clarté rose du matin, le paysan, à la figure dure et souffrante à la fois, la chemise ouverte au vent, jette d'un geste superbe le blé qui lui donnera du pain. Le paysage est peut-être d'une nudité exagérée. Il n'y a pour ainsi dire qu'un plan ; mais le *Semeur* n'en est pas moins une bonne page.

Quand il a travaillé tout le matin, le paysan se repose quelques heures sous le soleil de midi. M. Laugée a choisi ce moment. Les *Cueilleuses d'œillettes picardes* goûtent étendues. Qu'elles seraient belles si la fatigue et le travail ne les avaient brisées ! On sent trop qu'à trente ans ce ne seront plus des femmes, mais bien de pauvres êtres sans sexe, aux mains rudes, au corps déformé.—Dans une toile pleine de soleil intitulée le *Repos*, M. Laugée nous montre l'une d'elles couchée au bord de la route, sur le lourd fagot qu'elle porte, comme un forçat qui dort avec sa chaîne. C'est un tableau plein de tristesse.

Mais nul n'a su être plus navrant que M. Millet. Un vaste paysage de plaine occupe le fond de la toile. Au premier plan, une vache d'un caractère puissant, mais faiblement dessinée en certains endroits, tond l'herbe de sa langue épaisse. Une fille la tient par une corde passée autour de la tête. Couverte de haillons, d'une laideur idiote, cette fille sans âge regarde vaguement de son œil éteint. Sans désir, bêtifiée, elle ne sent même plus son horrible abaissement. Hélas ! l'ordre social est tel que l'agriculteur doit maudire la terre. Ce n'est pas pour lui cette *Alma parens* féconde que nous aimons, que nous adorons. Là où nous trouvons le repos il trouve la fatigue ; là où nous sommes consolés, il souffre. Plus dure que le seigneur des anciens jours, la misère l'attache à la glèbe ; et vraiment, quand on voit ses rudes douleurs, on prend en pitié les élégiaques maladifs qui répètent sur la foi de Virgile :

Oh ! fortunatos nimium sua si bona norint !...

Pourtant ce bonheur, que Jacques Bonhomme a déjà demandé, la faux en main, serait bien facile à lui donner. Et il l'obtiendra, si les énergiques plaidoyers à la façon de M. Millet se multiplient sous toutes les formes.

Les animaliers. — M. Troyon nous servira de transition pour arriver aux peintres d'animaux. Dans ce genre de peinture, c'est un maître pour nous. Sa *Vache qui se gratte*, son *Chien tenant une perdrix*, sont des merveilles. Le ciel d'orage de ce dernier tableau est brossé avec une ampleur inouie. Si nous trouvons un peu de décousu dans sa *Vue prise des hauteurs de Surenne*, en revanche, son *Départ pour le marché* est une composition parfaite de tous points. Dans un chemin creux, laissant à gauche la ferme, à droite la forêt que l'on entrevoit dans les brouillards du matin, une paysanne, campée sur un âne, ouvre le convoi. Les bœufs la suivent, et derrière eux, l'on aperçoit, sur un grand cheval, un paysan allumant sa pipe, par un geste plein de vérité. La nature de M. Troyon est vivante et animée; ses terres sont grosses de semences; les sillons s'ouvrent mystérieusement pour laisser passer le blé. Mais c'est surtout un grand animalier, et nous avouons qu'il nous a fait oublier Paul Potter.

Le tableau de M. Troyon que nous aimons le moins est sûrement sa grande *Vue prise à Surenne*. La campagne de Paris, féconde en détails agréables, offre rarement une grande étendue de terrains intéressants. — On peut en dire autant de la Normandie. M. Palizzi a couvert une immense toile de couleurs. L'œil, au milieu de champs de cultures diverses, distingue à peine une maison. Cette vue de la *Vallée de la Touque*, sans une seule belle ligne, sans silhouette, serait vraiment ennuyeuse, sauf le premier plan. M. Palizzi a déployé une érudition et une recherche très-louables dans ses animaux; mais nous ne saurions nous empêcher d'en trouver la composition et le groupement vulgaires.

Une des erreurs fréquentes des animaliers est, selon nous, de vouloir faire trop grand. On a beaucoup ri des chevaux de M. Verlat. Pourquoi ne rirait-on pas un peu de la *Vision de Saint-Hubert*? M. Jadin appelle ainsi une tête de grand cerf avec une croix sur la tête; à droite et à gauche une tête de chien. La peinture de M. Jadin, d'ailleurs, à force d'empâtement, acquiert un aspect de maçonnerie des plus déplaisants. Il y a loin de son exposition de 1859 à l'*Hallali* de 1857.

M. Philippe Rousseau, — *Un jour de gala*, — fait bien du tapage pour peu d'effet. Il lance une meute de chiens sur une table bien servie. Tout tombe et se brise; il y a plus de confusion que de mouvement dans cette toile d'une dimension exagérée.

M. Verlat a une bonne *Chasse au chevreuil;* M. Veyrassat des *Chevaux de halage*. — M. Isidore Bonheur porte difficilement un grand nom.

M. Stevens, — indépendamment du chien habillé qu'il expose, chaque année, comme un passeport, a une toile remarquable et discutée. Il s'est inspiré des vers de Pierre Dupont :

> Lorsque je fais halte pour boire,
> Un brouillard sort de leurs naseaux,
> Et je vois sur leur corne noire
> Se poser les petits oiseaux.

Dans un champ de terre de couleur sombre s'avance l'attelage :

deux bœufs et la charrue. Le paysan montre les oiseaux du bras et chante. A droite, s'étend une prairie verte; un bois forme le fond du tableau. Nous n'aimons pas la composition de cette toile. Les deux parties du champ, l'une labourée, l'autre verte, le fond, tout présente des lignes géométriques. Cela ressemble à un damier de tric-trac. Le paysan est théâtral; mais les bœufs sont, dans certains endroits, d'une bonne touche. Ce que nous louons sans réserve, c'est l'effort que fait M. Stevens pour échapper aux chiens savants, qui lui ont procuré assez de succès pour qu'il s'arrête dans cette voie un peu douteuse.

M. Xavier de Cock, avec un beau paysage, — *La récolte des pommes de terre en Flandre*, — expose des vaches bien vivantes et que M. Coignard devrait envier, car, malgré la précision de son dessin, les toiles de ce dernier sont froides.

La touche de M. de Dreux papillotte. Il use bien plus d'un procédé que de l'étude de la nature: de là l'uniformité de ses chevaux et le ton roux avec lequel il compose ses lointains. — Pour retrouver la vérité il faut songer aux moutons de M. Brendel.

Nous avons rapidement passé en revue les animaliers. Leurs œuvres échappent d'ailleurs, par leur nature même, à la description. Nous avons hâte d'arriver aux paysagistes.

VI

Les paysagistes. — Il y a loin des glaciers de Léonard de Vinci et des arbres taillés à l'emporte-pièce de Raphaël aux œuvres de Corot. Suivant le cours des idées modernes, la peinture de paysage a marché à pas de géant. Poussin nous avait appris la belle ordonnance des massifs, la ligne, la silhouette; les Hollandais, la vérité dans le détail du dessin; le Lorrain avait peint la lumière. Mais tout cela ne donnait pas encore le paysage moderne. Appliquant les procédés de la composition historique à la nature, les peintres anciens étaient rarement vrais; ils n'avaient pas pour la terre cette adoration presque religieuse qui nous la fait trouver non seulement belle de lignes à la façon d'un temple grec, mais encore vivante comme l'homme. J'étonnerai peut-être certains peintres modernes en leur disant qu'ils sont panthéistes comme Spinosa en personne. Ils suivent souvent, à leur insu, le cours des idées du siècle, et, — à la façon des artistes, — les reproduisent sentimentalement. C'est ainsi que Raphaël est catholique et que Michel-Ange est protestant.

Le mouvement, la vie, voilà ce que nous devons aux peintres modernes. Nous aurons la bonne foi de dire toute notre pensée. Ces dons précieux sont trop confusément dans les anciens pour que nous ne leur préférions pas les modernes. Corot nous fait oublier le Lorrain, et s'il n'a pas certaines qualités du Poussin, il a plus que lui la vie. S'il fallait une épigraphe à cette belle école des paysagistes modernes, nous la demanderions à Victor Hugo :

> Une pensée emplit le tumulte superbe.
> Dieu n'a pas fait un bruit sans y mêler le Verbe.
> Tout, comme toi, gémit, ou chante comme moi :
> Tout parle. Et maintenant, homme, sais-tu pourquoi
> Tout parle ? Ecoute bien : C'est que vents, ondes, flammes,
> Arbres, rochers, roseaux, tout vit ! — Tout est plein d'âmes !

Le style ne s'acquiert pas par des règles et des procédés. Ceux qui le cherchent ainsi n'arrivent qu'à la froideur. Les paysages historiques de M. Desgoffes en offrent un frappant exemple.

M. Lapito, qui dessine avec une scrupuleuse habileté, a trop souvent une coloration inouïe ; ses tableaux, — que l'on nous pardonne ce jugement peu en rapport avec nos habitudes de critique, mais que tout le monde porte avec nous, — attendent des pendules pour orner un cabinet de dentiste.

M. Aligny a plus de charme dans la couleur.

M. Paul Flandrin est un véritable artiste engagé dans une voie funeste. A force de songer à l'Arcadie, à la Grèce, aux bois sacrés, il ne voit plus avec vérité ce qu'il a devant les yeux. La nature lui échappe ; il aperçoit la mer à travers les classiques. Ses *Deux Vues de Marseille*, avec des qualités très-estimables, sont déparées par des tons étrangers au midi de la France. La nature aurait-elle fait sa révolution et serait-elle devenue romantique ? Nous pensons, pour nous, qu'elle n'a jamais varié, et que le bois détruit par César était simplement un bois de pins, et non le *lucus* ombreux et peu provençal que M. Flandrin place sur le Roucas-Blanc, en face du Prado.

M. Flandrin est le dernier champion du payage académique. Nous pensons que les leçons de l'Institut ont été nuisibles à son très-réel talent. L'art est comme l'homme, il a besoin de lisières à son enfance ; mais arrivé à sa maturité, il faut qu'il les brise ; sous peine de rester impuissant et en tutelle. M. Flandrin est de force à jeter bien loin la convention dans laquelle il est encore emmailloté et que les paysagistes modernes ont presque tous repoussée.

Voulant faire de M. Corot, qui est pour nous le maître du paysage, le plus grand éloge possible en peu de mots, nous l'appellerons le *poète*. Sa nature, — mélange de force et de grace, — est à la fois vivante et rêvée. Il peint l'air, il fait remuer les arbres. On a frais en face de ses toiles. Avec quel génie il a composé les sites charmants où il place *Dante et Virgile*, *Macbeth et les Sorcières!*

> Ahi quanto a dir qual era è cosa dura
> Questa selva selvaggia ed aspra e forte,
> Che nel pensier rinnuova la paura!
>
> Temp'era dal principio del mattino;
> E'l sol montava in su con quelle stelle
> Ch'eran con lui, quando l'Amor divino
>
> Mosse da prima quelle cose belle.....

Virgile, la maître courtois, rassure Dante qui, la *testa cinta d'error*, comme il dit, regarde le lion, la louve et la panthère. De grands rochers noirs font la droite du tableau avec un massif d'arbres. La teinte rose du matin éclaire la plaine que l'on devine.

La composition de *Macbeth* offre une certaine analogie avec celle du *Dante*. Par un chemin qui descend entre des rochers, Banquo et Macbeth sont arrivés au bord de la forêt qui s'étend à droite. En face d'eux, dans une lande humide de la vapeur du soir, ils rencontrent les sœurs fatidiques qui, le doigt sur la bouche, en tendant leur bras décharné vers l'ambitieux soldat, lui crient de leur voix rauque : « Salut, thane de Cawdor! tu seras roi! »

Les autres toiles de M. Corot, — si nous exceptons le *Paysage avec figures*, qui est un peu nu et laisse quelque chose à désirer dans l'étude des personnages, — sont des merveilles aussi. On ne peut les décrire : on ne rend pas l'air et la lumière ave la plume.

Nous passerons rapidement sur les peintres de paysage. Une description minutieuse de leurs tableaux, insuffisante pour ceux qui ne les ont pas vus, serait fastidieuse pour les autres. Cette école, si compacte, si belle, compte tant d'illustres membres qu'il faudrait un volume pour parler de tous. Nous ne nous arrêterons qu'aux célébrités consacrées, ou aux talents qui nous sont le plus sympathiques. Au premier rang de ceux-ci, M. Chintreuil. Sa *Mare aux biches,* dans une gamme verte, claire et plaisante, sa *Pluie,* admirable étude de ciel orageux, le placent au premier rang, selon nous.

Nous en dirons autant de M. Villevieille. Deux côteaux se coupant forment un ravin d'où l'on entrevoit la plaine. C'est le soir : les ombres allongées tombent des grands arbres. Un homme rêve couché sur le sol. Cette toile, *Mélancolie*, a été bien nommée. La mélancolie, précurseur d'un immense avenir, fait le malheur et la grandeur de notre siècle. Du cabinet du savant, l'ange d'Albert Durer s'est envolé dans la campagne. C'est là que nous le rencontrons, volant sur le brouillard.

M. Castan, malgré la faiblesse de la silhouette, M. Alain, avec une vigueur et un accent très-remarquables, marchent dans la même voie, et donnent à leurs tableaux toute la poésie qu'ils ont en eux, et toute la vérité que la nature leur fournit.

M. Français expose deux tableaux de son ancienne manière : *les Bords du Gapeau*, verts, frais, parfumés, et *Un Soleil couchant*, qui rappelle son grand tableau de 1855. Avec ces toiles, remarquables toutes deux, M. Français a les *Hêtres de Grâce*. A la gauche de cette immense toile, plus haute que large, on aperçoit un peu la mer. Le reste du tableau est occupé par un hêtre gigantesque, sans feuilles, d'une couleur claire et grise. C'est une tentative de portrait que nous ne trouvons pas heureuse.

M. Théodore Rousseau n'a plus toutes ses belles qualités. Si nous en exceptons les *Bords de la Sèvre*, toile agréable, quoique un peu jaune, son œuvre laisse à désirer. Il n'y a pas d'air dans sa *Gorge d'Apremont*. Sa touche devient cherchée et prétentieuse. Il colle, feuille par feuille, des arbres d'un vert uniforme sur des ciels crus. Il oublie que l'arbre, comme l'homme, a des masses, pour ainsi dire, anatomiques. Du reste, avec le talent de M. Rousseau, on peut se tromper ; ce n'est pas sans remède.

M. Flers, M. Cabat, son élève, gardent soigneusement leurs qualités. M. Lavieille joint à une mélancolie profonde dans la couleur, une sûreté de dessin et une recherche de la ligne qui va jusqu'à la dureté. M. Lambinet a du charme et de la fraîcheur. M. Huet expose des panneaux décoratifs pleins de verve, mais d'une justesse de tons douteuse, ce qu'explique jusqu'à un certain point la destination de son œuvre, destinée, sans doute, à être vue d'un peu loin et d'ensemble. M. Baudit appelle *le Viatique* un émouvant paysage. Dans une lande déserte, où coule un peu d'eau, on aperçoit une rouge lumière. C'est la fenêtre de la maison où se meurt un paysan. La lune, sur laquelle courent les nuages, fait luire la croix qu'un enfant de chœur porte devant le curé.

M. Knyff, — déjà remarqué en 1857, — confirme son succès par des chefs-d'œuvre. Nous louerons particulièrement l'exécution de ses arbres.

M. Daubigny expose cinq toiles calmes, recueillies, puissantes. *Les Champs au printemps* et *les Graves au bord de mer* ont des colorations vertes d'un éclat éblouissant, tandis que *le Lever de lune* est gris, humide, frais. Un troupeau de moutons soulève la poussière et marche confusément, dans la nuit, au pied de petites collines indiquées avec une largeur de touche inouïe.

Nous quittons la France avec M. Anastasi. Il nous montre, près de Dordrecht, un soleil couchant d'un rouge tellement intense que nous émettons des doutes sur sa possibilité. Le talent de M. Anastasi, flexible au suprême degré, est plus plaisant, selon nous, dans son brumeux *Lac de Tyrol*, toile vaporeuse et poétique.

Plus au Nord encore, M. Saal nous conduit en Laponie. Le soleil de minuit éclaire la pleine neigeuse; les chasseurs lapons, à l'affût, attendent les rennes. Nous croyons M. Saal sur parole, et nous admirons cette étrange nature.

Le Nord inspire peu de peintres. C'est vers le Midi que se portent presque tous les artistes. M. Achenbach a fait un chef-d'œuvre avec le *Môle de Naples*. C'est vers le soir, en été. Le Vésuve fume doucement. Sur le môle qui s'avance dans la baie bleue de Baja, les marchands de melons, les vendeurs de glace, l'improvisateur, poignard en main, ont commencé leur métier : les cris se croisent; la foule tumultueuse, gaie, marche, crie, chante, enjambant les lazzaroni nonchalamment couchés. La couleur de ce tableau est aussi vraie que charmante. Le peintre a su saisir cette heure douteuse du soir, qui, en été, a toutes les splendeurs du jour et toutes les grâces de la nuit.

Après que Marilhat et Decamps eurent ouvert le chemin, les peintres en foule ont visité l'Orient. La conquête de l'Algérie, les préoccupations de la question de Suez, le réveil de la Grèce, Byron, les *Orientales*, les ont poussés,—avant-garde intelligente,— vers cette vieille terre que nous conquerrons pour la rajeunir. Les talents les plus distingués se sont livrés à cette peinture ethnographique. L'étrangeté de la nature, les costumes brillants, les allures exceptionnelles, l'architecture, si belle et si riche, les ont facilement séduits. Nous aimons infiniment ces fidèles historiographes d'une terre qui nous attire et nous charme pardessus toutes. Cependant nous ne disons pas comme M. Gautier, que la peinture sera uniquement ethnographique dans l'avenir. L'auteur de *Mademoiselle de Maupin*, qui fait assez volontiers intervenir des notes de tapissier dans ses romans, voudrait faire de la peinture un magasin de bric-à-brac. Pour nous, les artistes qui s'occupent avec succès de l'Orient, seraient aussi grands s'ils demandaient leurs sujets à la France.

M. de Tournemine sera partout un gracieux paysagiste, et M. Fromentin un grand peintre de genre.

Les cinq tableaux qu'expose ce dernier artiste sont des toiles de premier ordre. L'*Audience chez un kalifat* est peut-être la perle de cet écrin. Sous un portique à colonnes roses, les chefs sont assis et fument, drapés dans leurs burnous. Les étrangers arrivent, couverts d'éclatantes étoffes. On entrave dans la cour les chevaux fougueux. Les bannières se déploient. Il y a là une magie de couleur éblouissante, et pourtant l'on sent, au milieu de ce mouvement, la gravité de l'Orient. — La rue *El-Aghouat* est en pente. Le ciel bleu fait ressortir la blancheur des toits. C'est pendant le jour. Un côté de la rue est dans l'ombre, et des Arabes d'un grand caractère se sont couchés, pour avoir un peu de fraîcheur, sous ce ciel embrasé, où les vautours volent lourdement.

Les *Bateleurs nègres* se distinguent par la vivacité et l'esprit de la touche. M. Fromentin a, pardessus tous, la science de la touche. Il sait draper un personnage d'une étoffe éclatante, sans blesser l'harmonie du tableau. Les nègres, aux allures de singe, battent la mesure de leur danse grotesque sur une espèce de tambour de basque. Nous regrettons quelque négligence dans cette toile.

M. Bellel, qui n'a pu se débarrasser des traditions de l'école dans ses paysages français, a su saisir la vérité en Orient. Outre ses fusains, il expose une vaste toile d'un grand mérite. Le désert se déroule à perte de vue. La mer à droite s'étend à l'horizon; le soleil rougit la crête des flots chatoyants. Une caravane cherche une source au milieu du sable. Il y a du mouvement dans les personnages, et l'exécution des terrains est ferme et large.

M. Belly, comme M. de Tournemine, a surtout du charme et de la grâce. Il se complaît au bord du Nil. Il chérit l'heure où un peu de brise s'élève et gonfle la voile de la cange. Nous aimons infiniment son faire délicat, sans mièvrerie, la transparence de ses horizons, la douceur de ses teintes, qui se dégradent insensiblement dans un ciel infini.

M. Berchère excelle à coucher les chameaux sous le *simoun*.

Nous préférons pourtant au *Simoun* la vue des *Colosses de Memnon*. Dans une plaine immense, par un soir si tranquille que la fumée des campements monte toute droite, les vieux Memnons, les mains sur les genoux, élèvent leur masse énorme.

Nous avons loué ailleurs le talent de M. de Tournemine. — M. Frère est loin d'en approcher. Les quatorze ou quinze tableaux qu'il expose sont tous d'une facture sans grandeur, monotone. Un bouquet de palmiers, des chameaux et le ciel jaune sont un thème intéressant, sans doute, mais dont M. Frère a abusé. Ça et là cependant, un détail qui révèle une habileté que nous voudrions voir mieux employée.

Les *Rahia* de M. Boulanger, écoutant un joueur de flûte dans les montagnes de l'Atlas, sont d'un bon caractère, quoique assez froids.

M. Ziem est un prodigue. Sa *Vue de Constantinople* éblouit, mais ne satisfait pas. C'est une débauche de touches papillotantes, bleues et jaunes, une fantaisie à laquelle nous préférons la réalité, surtout celle que M. Ziem sait nous donner quand il veut. Nous avons répudié le paysage de convention. Il n'aurait pas plus de succès en Orient qu'en France.

Nous traversons, avec M. Pasini, les grands déserts persans, que des nuages tachent d'immenses ombres. Nous assistons, grâce à un tableau d'une délicieuse couleur, à un départ pour la chasse. Nous voyons les Guèbres, adorateurs de Zoroastre, rendre les derniers honneurs à l'un d'eux. Dans ses tableaux, comme dans ses dessins, M. Pasini n'est pas seulement un artiste intéressant comme voyageur, il a toutes les qualités du peintre.

M. Thomas, moins coloriste, a pourtant quelques toiles très-dignes d'intérêt, entre autres une vue de cette fameuse tour de Babel, que les hommes eurent le noble orgueil de vouloir élever jusqu'au ciel, et que la science moderne a recommencée. M. Thomas faisait partie de l'expédition française en Mésopotamie.

L'Institut, qui s'obstine à diriger ses élèves sur Rome, ne pourrait-il pas leur donner les moyens de parcourir le monde, et d'aller là où les pousse leur instinct? Sans sortir de l'Europe, n'est-il pas fâcheux que les trois quarts des peintres français ne connaissent pas le musée de Madrid? Et si les jeunes artistes portaient au cœur la noble soif de l'inconnu, n'ont-il pas l'Inde? Terre sacrée et mystérieuse, où Jacquemont est mort, victime de son dévoûment à la science, où le prince Soltikoff a trouvé les sujets de ses dessins rares et curieux! Nous avons, cette année, trois ou quatre tableaux empruntés à l'Amérique et d'une facture médiocre, et pas un tableau qui nous parle de l'Inde, où l'avenir nous réserve peut-être de grands évènements et de larges conquêtes !

Depuis l'étonnant manifeste de M. Gudin, en 1855, les peintres de marine ont presque disparu. M. Durand-Brager est un habile dessinateur, mais son coloris est presque toujours de fantaisie. Je n'en veux pour preuve que son *Entrée du port de Marseille*.

Le tableau de M. Morel-Fatio servirait volontiers d'enseigne à une compagnie d'assurances.

M. Lepoittevin, un peu plus intéressant, pèche par le ton criard de sa couleur.

M. Isabey, seul, mérite une sérieuse attention, bien que son tableau soit un de ces errements assez fréquents chez les artistes chercheurs. Son immense toile s'appelle l'*Incendie de l'Austria*. Le navire en feu, sur une mer indigo, marche vent debout. La fumée épaisse, tourmentée par le vent, prend des formes dures et compactes, vraies à la mer, mais d'un aspect désagréable. Le gaillard d'arrière est libre encore. La foule s'y est jetée. Il y a là une suite de scènes pleines de mouvement, qui feraient de l'*Incendie de l'Austria* un bon tableau, si la couleur ne chatoyait trop à l'œil. Une barque est brisée par l'hélice. Le canot d'arrière tient au palan tribord, et mouille dans les vagues bleues sa quille que ne soutient plus le palan babord brisé par le poids des passagers. En dépit de la lourdeur de la fumée, du ton bleu cru de la mer, de la touche papillotante des figures, il y a de grandes qualités dans cette toile, et une recherche habile de l'effet.

VII.

DESSINS. — Nous eussions dû nommer M. Bida à côté de M. Fromentin, car ses dessins sont de véritables tableaux. Son procédé est presque un mystère. Cependant le grattoir joue un grand rôle dans ses compositions, et peut-être même en abuse-t-il un peu. Mais c'est là une bien légère critique, sans valeur à côté de l'émotion que ses œuvres portent en elles. Après la *Prière dans la mosquée*, M. Bida nous fait assister à la *Prière en plein air*. Les moines Maronites, au pied des cèdres monstrueux du Liban, prêchent les populations accourues et groupées au milieu des rochers. Les attitudes, les physionomies sont d'une vérité que l'on croirait photographique, si l'habileté de la composition qui se révèle en chaque groupe n'écartait cette supposition. — Quand les Turcs luttèrent contre les Russes, il y eut, en Europe, un élan de sensiblerie assez singulier. On transforma les Turcs en apôtres du progrès et les Bachi-Bouzouks en héros. M. Bida nous introduit dans un corps-de-garde de ces brigands arnautes.. Deux jouent aux échecs ; quelques autres, la ceinture bourrée d'armes, l'œil et le geste insolents, regardent une femme à peine protégée par les hommes qui l'accompagnent. De jeunes garçons de quinze ans, à l'aspect efféminé, portent le café sur le plateau ; à droite serpente un escalier suspect, que grimpe un soldat appuyé sur l'épaule d'un jeune homme. M. Bida, par sa connaissance de l'Orient, l'étude des types et des attitudes, la perfection de son dessin, sa composition savante, son entente du clair et de l'ombre s'est montré, en 1859, à la hauteur de son succès éclatant, en 1855.

M. Sand varie peu, mais garde son charme. Son *Meneu de loups* est une jolie page ajoutée à la série des superstitions de la campagne. Un paysan par une nuit obscure, joue du biniou, et marche d'un pas cadencé. Réglant le pas sur le sien, une foule de loups le suit et couvre la plaine. M. Sand pourrait, quittant le genre où il a obtenu de légitimes succès, varier les sujets de ses compositions, sans risquer d'affaiblir l'intérêt que le public porte à son talent.

M. Chifflart s'est inspiré de Faust. Il a choisi les deux épisodes les plus propres à fournir de grandes compositions. *Faust au sabbat* et *Faust au combat.*

Le Brocken de M. Chifflart n'est pas un montagne. C'est un être fantastique qui vit et remue. Les arbres sont des fantômes, les cavernes des bouches de géants. Au-dessus de la plaine, vaste et noire, une nuée de démons amène Marguerite, chaste figure, blanche et drapée. Faust éperdu tombe sur le rocher. Mephisto, la plume au chapeau, la main sur la rapière, maigre et dégingandé, ricane à côté du docteur, et prend des poses diaboliques sur son pied de bouc. Autour ce ne sont que sorcières obscènes, harpies, chevaux jetant le feu par les narines, stryges, lemures, crapauds au dos mou, squelettes et cadavres. Tout cela tourbillonne, siffle, hurle.

Montés sur des chevaux emportés, Faust et Mephisto courent sur le champ de bataille, à la suite de cet empereur légendaire inventé par Gœthe. Le docteur, l'épée haute, charge les ennemis, vaillants hommes de guerre maniant la lourde épée à deux mains.

Méphisto, la bouche ouverte pour un infernal cri de ralliement, dirige les légions de démons, qui, du haut des airs, accourent pour lui donner aide et secours. Ces deux compositions, fouillées avec un soin extrême, font le plus grand éloge du talent de M. Chiffart, qui est un prix de Rome ! L'Institut a dû en frémir.

M. Mès a abordé un sujet traité par les maîtres, et son essai est peu heureux selon nous. Son *Christ au prétoire* est d'un effet médiocre. Sa figure chétive, empruntée aux peintres naïfs, est plus souffreteuse que souffrante. L'ironie des soldats est rendue avec vulgarité. La pose de l'un d'eux surtout, couché sur un banc, est sans grâce, sans naturel. Les teintes de crayons rouge qui relèvent le dessin sont parfois déplaisantes. Il y a pourtant à louer la recherche de la composition et une tête de soudard d'une assez puissante brutalité.

Le *Retour du Calvaire* de M. Laville est un bon dessin. Seulement on peut faire à l'auteur le reproche d'avoir donné à ses personnages une pose uniforme. Ils marchent tous penchés en avant, la tête inclinée sur la poitrine. Il eut peut-être dû chercher à varier les attitudes. — Le *Chemin du Calvaire* a le même défaut. Derrière un pli de terrain, Judas, la tête rasée, après avoir vu le Christ passer pour aller à la croix, se désespère et court à la mort. Il y a là une erreur historique, volontaire sans doute. Saint Mathieu, le seul évangéliste qui parle du suicide de Judas, le place avant le supplice, immédiatement après la condamnation de Jésus. Mais ce que nous reprochons surtout à M. Laville c'est de s'être trop souvenu du Judas de 1855. M. Laville paraît assez riche de son propre fond pour s'en tenir là.

Le *duc de Guise insultant Coligny tué*, est une bonne page due à M. Larsay.

M. Barrias avait à se faire pardonner un *Débarquement en Crimée*. Les *Illustrations de Virgile*, d'une exécution froide et pure, ne font preuve que d'habileté. Le sentiment de la nature en est absent, et il n'y a de Virgile là dedans que le nom. L'inspiration charmante des Églogues et des Géorgiques n'a pas visité M. Barrias.

M. Wattier expose six dessins décoratifs dans le goût rococo : ce ne sont qu'étoffes de soie, candélabres, meubles ciselés et femmes nues. Il intitule cette œuvre : *Histoire de Psyché*. Quoi ! L'*âme*, l'amante d'Eros, cette fille avec des mouches et coiffée à frimas ! Allons donc ! La maîtresse de monsieur de Cupido tout au plus !

M. Matout achève à l'hôpital Lariboissière une fresque aussi grandiose par la pensée que plaisante par l'exécution. Le dessin, —

une des œuvres remarquables du Salon, — montre Jésus debout, entre le paralytique et l'aveugle, ayant à ses pieds Lazare dans sa fosse. Au-dessus de sa tête, on lit sur une banderole ces saintes paroles : « aimez-vous les uns les autres. » M. Matout a voulu énumérer les applications que la science sait faire de ce principe sacré, qu'elle a bien moins oublié que ceux-là même qui s'appellent les vicaires de Jésus. A côté du lit du paralytique, s'avance une longue file de femmes : ce sont toutes les douleurs et toutes les misères qui viennent se faire soulager et consoler par le médecin des corps et des âmes ; un avare, tandis que la Fortune verse sur lui sa corne d'abondance, est mordu par la Mort, et s'en va sans avoir goûté le grand bonheur de la charité ; un savant, une tête de mort sous les yeux, se livre à sa méditation, mille fois plus utile à l'humanité que les tristes et banales réflexions des moines. A droite du Christ, à côté de l'aveugle qu'il va guérir, un homme arrête un tourmenteur prêt à frapper sa victime. Ne l'oublions pas, le premier cri contre la peine de mort a été poussé par la philosophie, et la Convention a aboli ce reste de barbarie dont le pape se sert chaque jour pour tenir ses sujets dans le respect de son *paternel* pouvoir. L'œuvre de M. Matout, intelligente et progressive, n'étonne pas ceux qui se rappellent sa brillante Exposition de 1857.

M. Vidal est le roi du pastel et M. Pils de l'aquarelle. Nous voudrions seulement que ce dernier exerçât son habile pinceau à des sujets plus attrayants que l'*Exercice à feu à Vincennes*.

M. Camino a largement peint une *Pélerine arabe*.

M. Crapelet, M. Dauzats ont déployé dans leurs aquarelles d'Orient leur science habituelle. Ce dernier excelle dans les dessins d'architecture. Les belles colonnes vertes et roses, les balcons ciselés, les minarets blancs et audacieux ont trouvé en lui un brillant interprète.

M. Hildebrandt a vu le Nord, le pinceau en main. Ses aquarelles sont d'une facture très-supérieure ; seulement les sujets sont quelquefois un peu nus.

M. Lamy a été bien inspiré en consacrant sa palette éclatante à illustrer les œuvres du regretté Musset. Mais nous eussions voulu plus de poésie, moins de laisser-aller dans sa façon d'interpréter le charmant et profond poète. Il a fait des vignettes agréables, mais Musset n'est pas encore traduit pour les yeux.

La peinture sur émail a, cette année encore, un digne représentant en M. Marc Baud. On sait les difficultés de cet art, si cher aux anciens, et qui reprendra, peut-être bientôt, sa splendeur passée.

La préparation de l'émail constitue à elle seule une science. Les Egyptiens savaient le faire adhérer à la pierre, les Byzantins aux métaux. Les émaux de cette époque, à colorations fines et vives, sont peut-être des pierres précieuses broyées. Depuis, avec Palissy et Léonard, on a peint sur émail. Les exigences du commerce, les caprices de la mode ont fait tomber le pinceau de ces artistes aux mains d'ouvriers. M. Baud l'a fort heureusement ramassé ; sa *Femme nue* d'après Gleyre, son *Agar* d'après le Dominiquin sont des merveilles, largement peintes avec un fini précieux, double qualité qui font le talent du peintre sur émail.

Notre longue course à travers l'Exposition est terminée. Nous avons cherché la peinture d'histoire et la peinture religieuse : toutes deux sont en train de se transformer ; la peinture de genre, bien que nulle école compacte n'existe encore, a de belles pages ; les paysagistes seuls sont admirables absolument.

C'est que la foi qui fait la peinture religieuse du passé est morte, et que la philosophie qui fera celle de l'avenir est trop vague encore en ses formules pour que l'artiste les fixe sur la toile ; — c'est que le sentiment de la dignité humaine qui fait la peinture d'histoire s'est affaibli sous les despotismes subis ; — c'est que l'amour de l'humanité qui fera la peinture de genre est à peine éveillé chez quelques privilégiés ; — c'est que l'amour de la vérité est presque partout remplacé par la tradition, académique, réaliste ou romantique. Le paysage seul est en pleine floraison ; car aux époques douloureuses de transition, l'amour de la nature prend le cœur de l'homme fatigué de l'homme ; il va se retremper, s'isole, s'absorbe en cette contemplation de Dieu sous sa forme la plus immuable et la plus palpable, et revient de là, en ses fils, plus fort et plus brave pour l'action. Après les rêveries de Corot, nous aurons Michel-Ange, comme après les *promenades* du mélancolique Rousseau, nous avons eu le rude besogneur Danton.

LES ARTISTES MARSEILLAIS

AU SALON DE 1859. [1]

I

Les paysagistes. — M. Loubon et son école. — MM. Huguet, Simon, Suchet. — MM. Crapelet, Courdouan, Aiguier, Imer.— M. Dumas. — MM. de Tournemine, Dagnan, Barry.

Ce qui résulte tout d'abord d'une visite au Salon, c'est qu'il n'y a pas d'école marseillaise. Un homme d'un talent incontestable, d'une originalité excessive, M. Loubon, a bien influencé la majeure partie des peintres du Midi, mais cette influence a, pour la plupart, été passagère. Allant demander à l'Orient des ciels plus chauds, ou bien interprétant à leur façon les sites sauvages et étranges de nos pays, presque tous ont dégagé leur manière et se sont créé un genre bien séparé, opposé parfois à celui du maître. Il en est ainsi à Paris. Quels élèves a eu M. Delacroix ? Un seul, M. Chasseriau. M. Ingres a formé l'immense talent de M. H. Flandrin, mais son école s'est à peu près arrêtée là. L'individualisme, la personnalité, ont fait d'immenses progrès en peinture, et cela s'explique de deux façons : par l'état de la peinture et par l'état des artistes. A l'époque brillante de la renaissance, et avant elle, à l'époque des Van-Eyck et des Albert Durer, chaque artiste avait des procédés particuliers pour son art. Tel savait seul broyer les couleurs de façon à les rendre durables; tel autre savait fondre l'or pour l'appliquer en couches lumineuses. A notre époque, il n'y a plus qu'un secret en peinture :

(1) *Extrait de la* Publicité.

le mélange des couleurs, et celui-là est de ceux qui ne s'apprennent pas. Les artistes modernes, d'ailleurs, égarés par la facilité avec laquelle ils sont initiés aux pratiques du métier, jettent vite bien loin la robe d'écolier. Ils veulent être eux-mêmes, se faire un genre, n'écouter que leur caprice et leur inspiration : désir louable qui fait naître les grandes œuvres chez les esprits inspirés, mais qui ne mène les hommes sans tempérament qu'aux plus inutiles dévergondages de ligne et de couleur.

Le respect des maîtres, d'un autre côté, s'est enfui. Est-ce que peu méritent ce nom à notre époque? Mais, à coup sûr, personne ne voudrait aujourd'hui broyer des couleurs, copier, faire les fonds, s'annihiler pour la gloire d'un seul. On ne vit plus avec le maître : à peine le voit-on un instant à l'atelier, et quand il sort il n'a plus ce cortége d'amis et d'élèves qui se pressait autour de Raphaël, d'André del Sarto, de Léonard ou de Véronèse. Nous n'avons plus pour la peinture ce chaud enthousiasme qui faisait de Titien une puissance. Nous décorons nos artistes; mais bien certainement le plus mince préfet ne se laisserait pas jeter des planches à la tête, et n'aurait pas pour Michel-Ange la patience de Jules II.

M. Loubon a exposé deux toiles cette année, toutes les deux remarquables. Malheureusement il a, comme toujours, recherché avec soin, et même, on peut l'avancer hardiment, exagéré ce que notre nature a d'étrange. C'est un procédé habituel chez lui. La grande transparence de l'air fait parfois naître de singuliers effets de perspective; les points blancs et éclairés viennent en avant, et, par suite de la chaude coloration du ciel et de la mer, les horizons ont des lignes dures et arrêtées avec une vigueur excessive. Voilà ce que l'on observe en Provence et ce qui désole les peintres. M. Loubon a outré cet effet dans un grand paysage exposé en 1858 chez M. Tassy, et son tableau a perdu toute harmonie. A l'Exposition de 1855, si nos souvenirs ne nous trompent, il avait choisi pour sujet la descente, par un chemin étroit, d'un troupeau de boucs et de chèvres, et, par un caprice singulier, il avait placé en avant de son tableau un certain nombres d'animaux bleuâtres que Nadar avait, avec infiniment d'esprit, transformés en tambours-majors, ou en danseurs. En 1857, sa *Razzia* disparaissait sous une teinte blanchâtre, occasionnée par la poussière, qui existe en Provence et en Afrique, je le veux bien, mais qui ne sera jamais l'élément d'un tableau agréable. Cette année enfin, deux tableaux remarquables, mais déparés par certaines étrangetés. Le premier, sous le titre de : *Retour de la montagne*, nous montre un troupeau de mérinos venant du Piémont et entrant à Aureille. C'est le mieux réussi, selon nous. Malgré la lourde confusion du second plan où blocs de pierre et moutons sont si identiquement blancs qu'on les prendrait volontiers les uns pour les autres. Le second : *Souvenir de la campagne de Rome*, nous offre à la fois une idée singulière et un paysage réussi. Dans une vaste plaine, au milieu de terrains peints avec science, vague un troupeau de bœufs. Ces animaux, d'une couleur violette qui excite le sourire unanime des passants, mais que nous croyons, si ce n'est agréable, possible, s'avancent dans la plaine, à quinze pas de distance l'un de l'autre, absolument comme une compagnie de tirailleurs dispersés en éclaireurs. Nous ne nions pas que M. Loubon n'ait vu des bœufs se promener de la sorte ; mais je ne sais si l'artiste doit sacrifier toutes les règles de la composition au désir de nous donner une vérité absolue, photographique. Pour nous, nous en doutons, surtout à voir le soin avec lequel les maîtres composent leurs paysages, même ceux qu'ils intitulent *études*, et le résultat fâcheux auquel arrivent les peintres qui oublient les lois que le Poussin a écrites dans ses admirables tableaux, auxquels nous a fait penser, — par analogie de sujet, — la toile de M. Loubon.

Parmi les paysagistes qui, soit par analogie de talent, soit par tradition d'école, ont quelques rapports avec cet artiste, nous trouvons des individualités remarquables. Pour ne parler d'abord que des élèves de M. Loubon, MM. Huguet, Simon, Suchet nous ont donné des toiles qui méritent l'attention.

M. Simon s'est exclusivement voué à la Provence. Il y a pris les deux sujets qu'il expose cette année : *En chemin pour l'abattoir*, — étude de figures, — et *Attendant la nuit*. Cette seconde toile est charmante. Sur une colline pelée, un berger rassemble ses moutons, que l'étoile du soir rappelle à la ferme. M. Simon a représenté l'heure douteuse du crépuscule. Il a saisi cet instant rapide où l'on y voit seulement par le reflet du soleil sur le bleu ardent du ciel. Cela est bien réussi, agréable et vrai tout-à-la fois. Loin de faire un reproche à M. Simon de l'immobilité un peu raide de son paysan, nous le félicitons d'avoir su saisir la pose de nos campagnards, sans élégance, mais pleine de charme dans sa rudesse.

M. Suchet nous conduit sur mer. Sa *Pêche des thons* est d'un fort bel effet : c'est bien là cet horizon qui s'enfuit ; c'est la mer bleue sous le ciel bleu ; on sent la brise, toute chargée de l'odeur des pins : c'est la Provence, et l'on ouvre la poitrine pour respirer l'air âcre et frais. Il faut avoir vécu dans ce pays, il faut en savoir tous les recoins pour l'interpréter sûrement, car s'il est une nature qui ne dévoile sa capricieuse mobilité qu'aux initiés qui l'aiment et la contemplent sans cesse, c'est bien la terre de Provence. M. Suchet m'a tout l'air de l'avoir courtisée longtemps, cette brûlante région, dont un long apprentissage apprend seul les ardeurs, les parfums, les brises et les aspects imprévus, éblouissant de fougue, ou endormant par leur immense tranquillité.

M. Huguet a vu l'Orient, et il l'a bien vu. Il a su en rapporter un rayon de soleil, et le fixer sur la toile. Pourtant nous préférons, à la *Vue du Caire pendant l'inondation*, le *Lavoir en Provence*. Sur le premier plan d'un terrain qui s'enfuit avec trop de brusquerie, des femmes, éclatantes, lavent dans une eau transparente. Des pins forment le paysage. Il y a dans cette toile, de précieuses qualités : la touche est habile, le ciel chaud et juste dans une gamme très-foncée. Les terrains seuls nous ont paru laisser quelque chose à désirer. M. Huguet, d'ailleurs, est jeune, et c'est un beau succès pour lui que de garder une place honorable à côté des merveilles de Fromentin, de Berchère et de Bellel.

A côté de M. Huguet, pour ne pas séparer ces deux orientalistes aimés des amateurs de notre ville, nous devons citer M. Crapelet. Il expose, cette année, deux aquarelles délicieuses : *La Mosquée de Moussayed-Sultan*, et un *Carrefour au Caire*. Son tableau, *le Temple de Médinet-Habou*, quoique très-remarquable par la vérité de la couleur et sa justesse, pêche, selon nous, par une facture un peu lâchée, que M. Crapelet doit peut-être à l'habitude de faire de la peinture décorative : certaines parties de cette toile, plus habilement modelées, nous montrent ce qu'il sait faire et ce qu'il fera.

Il est encore plusieurs peintres qui ont, avec M. Loubon une grande analogie de talent, et tout d'abord, M. Courdouan, que nous aimons assez, à Marseille, pour le citer ici avec les artistes de notre ville.

M. Courdouan est, parmi les peintres du Midi, le roi du fusain. Nul n'a tant de vigueur dans la ligne, nul n'a tant d'habileté pour opposer l'ombre et la lumière et trouver ainsi ses effets, puissants sans que la dureté arrive, saisissants sans que l'harmonie disparaisse. Nous aimons moins ses tableaux que ses fusains ; mais nous n'en reconnaissons pas moins leurs qualités. Au premier rang brille la largeur du procédé et le grandiose du dessin. C'est par la ligne et les grandes masses de lumière et d'ombre que M. Courdouan cherche à frapper, et il y réussit toujours. Ses toiles, à peine couvertes, offrent peu de détails ; leur grain épais leur donne, lorsque l'on s'en approche, un aspect désagréable. Mais si l'on s'éloigne de quelques pas, elles vous apparaissent sous un jour nouveau. Les horizons s'étagent, l'effet général se développe, et l'imagination, enchantée et saisie du grandiose des lointains, les remplit de détails, si bon lui semble, ou les admire dans leur large simplicité.

Fidèle à la nature du Midi, M. Courdouan nous a montré trois vues prises aux environs de Toulon : — Une marine, — un charmant paysage entre Hyères et Cargueirane, et enfin une Vue d'Evenos et des gorges d'Ollioules. — Ce dernier tableau nous a paru le plus remarquable des trois. — M. Courdouan est un admirable dessinateur; mais son coloris, basé uniquement sur des oppositions d'ombre et de lumière, c'est-à-dire sur le procédé des peintures monochromes, telles que le fusain, manque parfois d'éclat. Dans la *Vue d'Ollioules*, la teinte grisâtre des rochers le dispensait d'en avoir, et il a pu montrer, dans ces énormes amas de débris de montagnes, toute l'habileté, la justesse, l'originalité de son dessin.

Sa marine, *Pirates recevant la chasse*, a les mêmes qualités. Mais nous ne pouvons louer ni le ciel, d'un ton orange dur et criard, ni la mer, noirâtre, empâtée, sans transparence ni mouvement.

M. Aiguier expose deux toiles, dont l'une, le *Coucher de soleil*, est très-intéressante. Si nous ne faisons erreur, c'est aux Catalans qu'est pris le sujet de son tableau. Un village à l'aspect italien en forme la droite, quelques rochers la gauche. Sur le premier plan, des pêcheurs qui tirent une barque à terre ; au fond, le globe d'or du soleil qui s'enfonce dans la mer, à peine plissée par une brise légère. Les premiers plans sont dans l'ombre : quelques vigoureux rayons viennent seuls, çà et là, mettre en vigueur un détail. Le fond est étincelant.

On arrive toujours à un effet à l'aide de ce procédé ; peut-être même est-il trop facile. Claude Lorrain n'en a pas eu d'autre pour les deux tiers de ses tableaux, et c'est une des raisons qui nous font faire, à son égard, bien des réserves en face de l'admiration consacrée que l'on a pour lui. La vive lumière du fond met le peintre dans la nécessité de rayer le devant de son tableau d'ombres foncées et désagréables. Je n'en veux pour preuve que les tableaux du Louvre. — Quant à M. Aiguier, le plus grand défaut de son œuvre, le seul peut-être, est le manque de personnalité. Il n'a pas cette originalité qui fait la gloire de M. Loubon, de M. Courdouan. Entre le Lorrain, dont il n'a pas encore la splendide lumière, et Vernet, dont il n'a pas le dessin correct et spirituel, il ne pourra se faire une place bien belle. Qu'il la cherche ailleurs, en lui, en dehors des traditions, des procédés, des imitations, et il la trouvera. Son tableau permet de l'espérer, car il a de solides qualités et une douceur infinie dans la touche.

M. Imer est plus personnel. Il voit la nature, il l'étudie, et, il faut le dire, la copie avec trop de conscience peut-être. Ses dessins, exposés en 1857, nous avaient frappé par l'aspect vrai et réaliste qui les caractérisait. Les trois tableaux qu'il expose cette année, et surtout le plus important pour nous, la *Vue des collines de Sainte-Marguerite*, ont les mêmes qualités et les mêmes défauts. Pour M. Imer, la nature pose, elle ne vit pas. Ses montagnes sont irréprochables de dessin, ses arbres vrais et agréables de couleur; mais où est la vie? Quand on regarde les toiles de Corot, de Troyon même, on sent la brise qui passe, on sent la terre qui se crève sous la charrue, toute chargée de semences; c'est bien l'*alma nutrix*. Les arbres prennent part à cette vie universelle que l'homme a sous la forme la plus apparente, mais qui n'a pas été refusée à la matière, quoi qu'on en ait dit. La nature du nord a pour elle, nous le savons, un auxiliaire puissant du mouvement; c'est le brouillard, c'est la rosée qui fait la toilette des fleurs et les lave de la poussière du jour; c'est la vapeur qui monte le soir, encens visible de la prière de la terre au dieu Pan. — Le Midi, ardent, desséché, n'a pas ces nuages qui ondulent sur les roseaux du Nord. Mais il a le vent, le vent qui pousse la fleur contre la fleur et qui marie les arbres; le vent qui apporte aux palmiers de Provence des nouvelles de leurs frères d'Afrique. Que M. Imer, — dont les qualités sont trop connues pour que je les redise ici, — fasse vivre ses toiles, et la Provence aura un interprète, le Midi un poète de plus. Nous avons dit le mot : la seule chose qui manque à M. Imer, c'est la poésie; la réalité, la science, l'embarrassent encore; peut-être n'en est-il pas à ce point où l'étude, le croquis ne sont entre les mains du peintre, qu'un renseignement, un aide obéissant et soumis. Il ira plus loin, car il est arrivé à ce degré où le talent ne peut que croître ou dégénérer, et il ne voudra pas descendre, nous en sommes sûr.

Il est remarquable de voir comment l'Espagne a diversement inspiré ses interprètes. M. Giraud nous a donné une Espagne d'opéra-comique; des Andalouses aux grands yeux fendus en amande; des danses plus pittoresques que vraies, hélas! Ses modèles étaient beaux, graves, élégants; il les a faits jolis, poseurs, prétentieux. Pour lui, l'Espagne a mis des mouches, du rouge et de la poudre de riz, et l'on croirait, vraiment, qu'il l'a plus étudiée dans la coulisse de l'Opéra, à la lueur des quinquets, que dans la campagne, sous le soleil éclatant. M. Boulanger, qui reste le représentant du romantisme, a refait l'Espagne de Ruy-Blas. Les guitares, les grands manteaux troués des Don César, la longue rapière de Don Quichotte, et les vieilles entremetteuses. Ses toiles sont des chefs-d'œuvre rétrospectifs. L'Espagne vraie, vivante, actuelle, n'est plus là, et parmi ceux qui cherchent à nous la rendre, M. Dumas est un des plus méritants.

Son *Départ des muletiers de la province de Valence*, a de réelles qualités. Il a vu et saisi les allures vives et correctes, naïves et grandes à la fois, de ces Maures catholiques, qui sont paysans et gentilhommes, assassins et bons chrétiens, amoureux des mystères de la chapelle et des courses de taureaux. Il l'a fait voir, ce peuple de grands enfants, au milieu de ses campagnes inouïes de fertilité ou de désolation ; il a su, sur les grands murs blancs des posadas, placer le soleil, éblouissant manteau. Le sentiment de l'Espagne est en ses tableaux, — et si vif, que l'on n'y cherche que cela, et que, devant l'émotion du souvenir, la critique des détails paraîtrait odieuse, et que l'on l'oublie.

Nous avons parlé de M. Loubon et de ses élèves ; nous avons également rendu compte des œuvres de tous ceux que la similitude de talent ou que l'analogie des sujets choisis rapprochaient de lui. Les paysagistes dont il nous reste à parler sont en dehors de lui et en dehors de la Provence. La naissance les rattache seule à nous ; nous ne devons cependant pas les oublier, mais plutôt les revendiquer avec orgueil ; car parmi eux nous aurons à citer des noms consacrés par le talent et l'admiration publique, et, au premier rang, celui de M. de Tournemine.

Bien que M. de Tournemine ne soit pas Marseillais, nous avons trop de plaisir à nous occuper de son talent, frais et gracieux, pour ne pas recourir au prétexte de voisinage, ainsi que nous l'avons fait pour parler de M. Courdouan. Cet artiste nous a révélé tout un côté de la nature orientale que nous connaissons peu par ses devanciers, presque exclusivement absorbés aux tableaux majestueux et aux grandes scènes du désert. Il nous a montré la Turquie d'Asie sous son aspect gracieux et souriant. C'est le peintre de l'oasis. Un lac, quelques habitations entourées d'arbres, voilà son thème favori, qui contraste d'une façon charmante avec la sévérité triste des grandes toiles de Marilhat. Entre le désert et la mer qui la rongent, la terre d'Orient sourit, a dit Hugo. M. de Tournemine nous a donné ce sourire. Il expose cinq toiles, cette année, et si remarquables, qu'on ne saurait choisir et qu'il faut parler de toutes.

Sur un pont bas et de la plus simple architecture passent d'élégants cavaliers, enveloppés d'étoffes éclatantes, dont les plis se détachent sur le bleu du ciel. Les femmes, occupées à laver dans un ruisseau transparent qui se perd dans le sable, se tournent vers eux et leur envoient du regard la prière due au voyageur : Qu'Allah te garde ! C'est le *Départ de la caravane*. Ils s'en vont dans le désert qu'on entrevoit, au loin, ces hardis voyageurs ! Là, ils souffriront de la soif et du khamsin ; là, ils regretteront ce *Café* où M. de Tournemine nous conduit. — Sur le bord d'une eau transparente, dans un salon bâti sur pilotis, d'heureux paresseux fument le tabac doré, se livrent à la douceur du kief, et si la nature qui les entoure est aussi riante que ce tableau, nous comprenons bien, en l'enviant, leur indolente rêverie. Les *Habitations près d'Adalia* nous offrent une étude de la campagne turque, calme et profonde, trop négligée peut-être par les admirateurs des effets violents du désert et de la mer. Le *Souvenir de Tyr*, toile dans une gamme bleue et pâle, a permis à l'artiste de développer les exquises délicatesses de sa couleur, dont il nous offre peut-être le plus puissant modèle dans ses *Oiseaux pêcheurs*. Le soleil qui se couche envoie aux nuages rares ses molles clartés et ses reflets roses, dont l'éclat et la fraîcheur luttent avec la couleur de feu de l'aile des flamands, bizarrement groupés au bord de l'eau.

Quittons l'oasis. Nous voilà en plein désert avec M. Washington. Sous un ciel brûlant, quoique voilé par la chaude brume, la caravane s'avance. Six ou sept chameaux, au large pied, à la tête petite, trop petite peut-être, marchent bravement. La poussière cache la longue file des voyageurs. Un seul, un guide à pied, semble exciter de la voix les énormes animaux. On a reproché à M. de Tournemine d'avoir trop animé son Orient, d'avoir, par de spirituels détails, altéré le calme de cette nature. Nous faisons à M. Washington le reproche opposé. Franchement, une immense toile comme la sienne peut-elle intéresser avec six chameaux et de la poussière ? C'est une étude, mais ce n'est pas un tableau, car l'action en est absolument absente. Que M. Washington prenne bien garde et ne confonde pas la nudité et la grandeur ; qu'il se souvienne combien sont peu intéressants ces tableaux qui vous représentent le passage de la mer Rouge après que les Hébreux l'ont traversée et avant que les Egyptiens n'arrivent.

En dépit de ce défaut, M. Washington, par sa touche, par son habileté de modelé, a de réelles qualités et promet un avenir brillant. Il a rompu avec les traditions du passé qui pèsent sur M. Dagnan, et annihilent chez ce dernier artiste une science approfondie du dessin. M. Dagnan est de cette école sage et conservatrice à laquelle on emprunte des lithographies pour les jeunes personnes qui s'occupent de dessin. Il cherche de préférence ses sujets en Suisse, et semble les prendre plutôt à Diday et à Calame qu'à la nature même. Il expose des torrents bien raisonnables qui tombent de pierre en pierre, à la façon des chutes d'eau du bois de Boulogne. Le sentiment de la nature est là, comme le sentiment de la passion chez le vicomte d'Arlincourt. Citons cependant, malgré sa lumière lourde et des tons bleuâtres, une petite toile habilement dessinée et plus vraie : le *Chemin de Battigny*.

Malgré ses défauts, M. Dagnan a de la science ; sa gamme est sourde, noirâtre, sans éclat, mais juste. M. Bellion, au contraire, dans son *Soleil couchant*, oublie toute unité. Un navire brun et noir est au premier plan, et derrière lui se couche le soleil. Cette disposition rappelle une charmante toile de Vernet, mais là s'arrête la ressemblance. La droite du tableau est peinte avec des tons violets et bleus ; les vagues, sur le devant, sont noirâtres et vertes. A gauche, la mer prend une teinte claire, et le vert devient presque blanc. Les nuages qui courent dans le ciel sont, à l'horizon, roses et rouges, et dans le haut du tableau, jaune-brun. Tout cela produit un singulier effet. Pourtant il y a de la verve, de la recherche, de l'exubérance, et nous préférons ces qualités, malgré les étranges défauts qu'elles entraînent souvent avec elles, à la froide médiocrité de l'école de M. Dagnan.

M. Barry est un artiste aimé à Marseille. Travailleur assidu, il a su se faire une place honorable, et sa *Vue de la Tamise*, en 1855, a été justement remarquée. M. Barry, dans cette toile, avait enfin renoncé au port de Marseille, sujet dont il a étrangement abusé, il faut le dire. Il entrait, en dehors de la peinture officielle, dans une voie de recherches dont il fallait le féliciter. Malheureusement il est revenu au port de Marseille et à la peinture officielle, dans son *Débarquement du légat* (1857), et dans *la Rade de Cherbourg*, qu'il expose cette année.

On nous dispensera de parler de ce tableau. Les défauts de ces grandes *machines*, — que l'on me passe le terme d'atelier, — sont si inhérents au sujet que personne n'a pu les éviter, et si nombreux qu'ils paralysent toutes les qualités du peintre. Heureusement M. Barry expose deux toiles, dont l'une, le *Sauvetage d'un navire échoué*, nous satisferait beaucoup, n'était la banalité des rochers qui forment la droite du tableau.

M. Tanneur n'a pas manqué de se servir des mêmes rochers dans son *Double sinistre*. Seulement il s'en est moins bien servi et les a faits encore plus en carton. L'*Incendie, en pleine mer, de l'Austria*, a servi de thème à M. Isabey et à M. Tanneur. M. Isabey a fait un mauvais tableau, mais il a compris le sujet. La composition de M. Tanneur nous paraît des plus malheureuses, et nous le regrettons, à voir son habileté de facture. Ce qui fait le grandiose de semblables drames, c'est l'isolement du navire incendié, c'est le vaste Océan sans une voile, c'est la mort sans secours. Quand Géricault nous montre le radeau de la Méduse, il a soin de faire passer bien loin, comme un rayon d'espoir qui peut s'évanouir, le trois-mâts sauveur. En plaçant un navire à côté de l'*Austria*, M. Tanneur a dispersé l'intérêt, amoindri la scène. En faisant sa toile de médiocre grandeur, il s'est ôté la ressource d'émouvoir par le détail des personnages ; aussi l'on passe froid devant sa toile, tandis que M. Isabey, malgré ses immenses défauts, surprend et saisit.

M. Magaud a donné une *Vue du Lazaret et de Marseille, prise du Château-Vert*. Un premier plan composé de promeneurs, en paletots, et de femmes, en robes roses de la dernière vulgarité, ôte une grande partie de la poésie que pourrait avoir cette toile, plaisante dans sa gamme blanchâtre. Le talent de M. Magaud n'est pas là. La paysage peut être une source de distractions pour lui, mais son avenir est là où sont ses premiers succès, dans la grande peinture. — M. Magaud fait du paysage comme M. Ingres joue du violon.

II

Peintres de portraits. — M. Ricard. — M. Lagier. — M. Durangel. — M. Ferogio. — M. Chiapory.
Peinture d'histoire. — Genre. — M. Magaud. — M. Masse. — M. Magy. — M. Abel. — M. Ciappory. — M. Cartier, — M. Lafon. — M. Bouquet. — M. Beaume. — M. Reynaud.

Quand un peintre veut gagner les bonnes grâces de son portier, il lui fait sa *ressemblance*. Il le peint dans sa grossière vulgarité, trait pour trait, tel qu'il est au fond de sa loge, lisant son journal. Il fait cette besogne comme un ouvrier, sans chercher d'autre idéal qu'un peu de répit pour le terme. Mais si le peintre a vu quelque part une belle fille, dont il se souvienne avec émotion, — en fixant ses traits sur la toile il les idéalise, il les fait plus beaux sans cesser de les faire vrais, il interprète le masque et y écrit ce qu'il voudrait y voir d'intelligence, d'amour, de passion.

Il y a des peintres de portraits qui peignent toute leur vie comme s'ils avaient leur portier pour modèle : il en est qui peignent toujours comme s'ils reproduisaient des traits aimés.

Ces derniers sont les grands. Qu'on ne pense pas que nous fassions ici l'éloge des artistes qui flattent le modèle, en amoindrissant la bouche ou en élevant le front. Non. Nous parlons de ceux qui savent que l'homme est toujours beau à certains moments de passion, qui saisissent, devinent cet instant et le fixent sur la toile.

M. Bouillet cite trois peintres de portraits : M. Pérignon, M. Dubufe, M. Winterhalter, c'est-à-dire la médiocrité, la mièvrerie, la platitude. Il oublie M. Flandrin, entre autres, et M. Ricard. Ce dernier, malgré sa facture un peu relâchée cette année, reste un maître, et c'est à la largeur avec laquelle il interprète la nature qu'il doit ses succès. — Citons surtout le portrait de Mlle L. J.

M. Lagier a exposé, — outre un tableau de genre, la *Lecture*, d'une couleur un peu jaune, — un portrait que nous n'hésitons pas à applaudir et à préférer, malgré sa moindre importance, à l'autre production de l'artiste. Les mêmes qualités d'idéal qui nous font aimer M. Ricard, se révèlent dans cette tête de femme que M. Lagier a dû étudier avec amour, nous pouvons le dire sans crainte de compromettre personne.

M. Durangel a de son maître, M. Vernet, une grande habileté de brosse, qui n'est pas exempte de dureté. Ses portraits, très-exacts mais durement coloriés, ont quelque chose d'une enluminure. Que M. Durangel prenne garde : il arriverait à ne plus peindre que son portier.

Citons avec éloge, sous le titre banal de *Si vieillesse pouvait*, un pastel de M. Férogio, qui a également exposé un bon dessin au fusain, l'*Ermitage*, — et les portraits au pastel de M. Chiapory. Une critique cependant. Pourquoi forcer à ce point les ombres brunes du cou (Portrait de Mlle de M....)? Nous savons que Vidal les exagère souvent et pousse la teinte jusqu'au jaune ; mais si Vidal faisait une femme bleue elle serait encore adorable, tant il a de grâce, de douceur, de charme.

Nous avons dit que le talent de M. Magaud se trouvait surtout à l'aise dans la peinture des plafonds. L'Exposition vient à l'appui de notre avis. Nous préférons hautement au *Dante*, toile froide malgré la recherche du mouvement, les deux cartons *la ville de Marseille recevant les peuples et la France récompensant les hommes qui l'ont illustrée.*

Ce dernier dessin nous montre la France, assise sur un char, dont les chevaux fougueux sont guidés par un Génie. Derrière elle, les Colonies, assez énigmatiquement figurées, volent sur les nuages. La Gloire, de son manteau ouvert, enveloppe l'image de notre pays. La Renommée, la Victoire, l'Abondance marchent derrière elle. Le morceau le plus important de cette composition est, sans contredit, le char et l'attelage qui l'emporte dans les airs. Nous lui ferons le reproche grave de rappeler le char de Delacroix — (plafond du Louvre). — La disposition des chevaux est presque identique. Des similitudes sont d'ailleurs inévitables dans un sujet tellement empreint de banalité. L'Abondance, la Victoire, sont des figures convenues, froides, et M. Magaud n'eût fait preuve que d'habileté et de science, si son autre dessin n'eût heureusement fait contraste par sa puissante originalité.

Les figures allégoriques disparaissent presque entièrement, et font place à des études de types bien autrement intéressantes. Sur un trône en forme de vaisseau, la ville de Marseille est assise, et accueille, en leur offrant ses produits en échange des leurs, les divers peuples du globe. Un enfant grec, d'un modelé charmant, est debout à ses pieds et tient le gouvernail de la carène antique. Toute la gauche du tableau est occupée par les peuples étrangers, représentés avec bonheur. Sous le parasol ouvert, voilà la Chinoise au pied serré dans l'élégante pantoufle, aux cheveux relevés et retenus par les longues épingles. Accroupi, le Grec aux longues moustaches se complaît à montrer le luxe de son riche costume de palicare. Le Turc offre sa cassolette de parfums, tandis que le Russe, enveloppé dans sa pelisse de fourrures d'Astrakan, la barbe longue, regarde vaguement de ses longs yeux doux. Au fond, les hommes illustres de Marseille forment une longue suite. Nous avons reconnu, en tête, Belsunce. A côté, nous n'avons pas vu le chevalier Rose, qui fut pourtant aussi dévoué, aussi courageux, aussi utile que l'évêque. Peut-être n'avons-nous pas su le trouver, mais nous eussions voulu le voir au premier rang.

Au bas du tableau quatre enfants personnifient les quatre races humaines. Le nègre et le blanc s'embrassent et les chaînes de l'esclave sont tombées. C'est une idée ingénieuse et bien rendue. Peu d'allégorie, des types vrais, des personnages historiques, c'est bien ce que nous aimons, ce que nous comprenons. M. Magaud a complété son œuvre en plaçant, au bas de sa toile, la France qui protége Marseille, et l'Aigle tenant le monde et un malencontreux rameau d'olivier. Ces figures sont froides et inutiles. Elles détournent l'intérêt de la figure principale qui est Marseille. M. Magaud a également, dans ses deux plafonds, un peu abusé des enfants. Ces charmants bambins à la Clodion servent, nous le savons, à relier les groupes. Mais ce procédé d'éventailliste est mesquin, et finirait par déparer les grandioses conceptions de M. Magaud, s'il en abusait. On nous reprochera peut-être d'être exigeants et de chercher de bien minces défauts de détail. Mais aux artistes qui ont l'immense talent déployé par M. Magaud dans le plafond de la ville de Marseille, on doit plus qu'une indulgente et banale complaisance : on leur doit la plus inquiète et la plus sévère critique : car si l'on ne peut rien demander à la médiocrité, on a le droit de demander la perfection aux artistes du mérite de M. Magaud, et ils savent apprécier le motif qui guide la plume de l'écrivain qui les juge, différents en cela des esprits étroits et médiocres qu'épouvantent le blâme ou le conseil; sans idéal, ceux-ci ne peuvent concevoir aucun progrès pour leur mince talent, tout de facture et de pratique.

On nous pardonnera, dans ces notes rapides sur l'Exposition, une classification un peu de fantaisie. Nous parlerons donc ici du tableau de M. Simon : *En chemin pour l'abattoir*, bien qu'il rentre dans une classe à part et distincte de l'histoire et du genre. Une vaste plaine grise, au loin la ligne bleue de la mer, voilà le paysage. Au milieu un grand garçon, vêtu de bleu, tient un veau par la queue et le pousse dans le chemin. Deux veaux sont à ses côtés. Tout d'abord, louons l'exécution ferme de cette figure, largement éclairée. Mais quel intérêt a cette toile immense? Que nous dit ce personnage de grandeur naturelle au moins? Le succès équivoque de M. Verlat empêcherait-il M. Simon de dormir? Ce n'est que trop la tendance de certains peintres de couvrir de couleur des toiles énormes pour représenter un sujet sans portée. Trois veaux et un boucher remplissent une toile où Decamps eût écrit un poème. Cette façon de rechercher le grand en faisant d'immenses banalités nous paraît mesquine. Nous espérons que M. Simon y renoncera et se contentera de nous donner de charmantes idylles comme celle qu'il expose sous ce titre : « *En attendant la nuit.* »

M. Masse n'a pas eu besoin d'une toile aussi considérable pour nous montrer tout un côté de la vie grecque et nous initier à une face de la vie socratique, assez ignorée avant les récents travaux de la science moderne. Il était un peu grondeur et sévère, le philosophe que connaissaient nos aïeux. On l'avait fait chrétien, tandis que nul ne représente mieux le charmant esprit de tolérance du paganisme grec. Il aimait à visiter les hétaïres, à causer avec elles, et leur donnait même des conseils pratiques, que nous trouverions peut-être plus dignes d'une macette que d'un philosophe. C'est une de ces scènes que M. Masse a reproduite sur la toile, en s'inspirant, nous le pensons du moins, du charmant volume de Deschanel, les *Courtisanes grecques*. Sous le portique d'un temple, Socrate, suivi de ses disciples, a rencontré Laïs, qu'entourent ses admirateurs, et qu'escorte, chargée d'une cassette, l'esclave nubienne aux puissants contours. Au bas des escaliers qu'elle gravit, une femme âgée, voilée de vert, un bâton et une cruche à côté d'elle, s'est assise tristement, adossée à la statue de la *Vénus impudique*, — un charmant morceau de sculpture. C'est la courtisane vieille, malheureuse, bafouée, insultée, maudite. La mère en éloigne l'enfant, qui la montre du doigt; le citoyen se retire; la jeune fille, curieuse et épouvantée, la regarde en rougissant; le chien sans queue d'Alcibiade jappe après elle, et son maître, nonchalamment appuyé sur l'épaule d'un ami, la considère avec pitié. Montrant à Laïs cette triste vieillesse, Socrate lui conseille, non de renoncer à sa vie, mais bien d'en profiter. — « Ne disperse pas les riches trésors que te rapportent les marins amoureux de ta beauté, avec les jeunes fous qui écrivent ton nom sur les longs murs d'Athènes au Pyrée. Garde-toi d'aimer ces militaires fanfarons qui plaisent aux courtisanes par leurs grands panaches, les volent et les battent. Mais sache te faire payer tes faveurs, et achète des bois d'oliviers et des maisons aux bons fermages. » Voilà ce que dit ce philosophe à la courtisane, qui sourit et pense peut-être au bel adolescent à qui elle va porter les présents qu'elle a reçus du marchand ionien. La Grèce respire dans cette toile, recommandable par son habile composition, son dessin pur et nerveux, et son ton harmonieux. Pour faire un reproche à M. Masse, nous signalerons un peu de convenu dans la façon dont les personnages témoignent leur horreur de la courtisane vieillie. Il a suivi le procédé d'un philosophe plus que d'un peintre. A-t-il eu tout à fait tort? Peut-être le sujet comportait-il, plus que tout autre, cette exquise recherche de la composition qui saisit l'œil et arrête le spectateur, que la perfection et la vérité des détails archéologiques charment longtemps. C'est une bonne page d'histoire grecque, en dehors du convenu de David et des mièvreries des pompéistes. C'est une douce représentation de Socrate, de ce philosophe pratique et joyeux auquel nous avions, pour le transformer mal à propos en docteur, ôté sa couronne de roses et son sourire un peu rabelaisien. A notre époque, les personnalités pleureuses, maladives et lâches; aux grands siècles, les rieurs martyrs!

Nous avons loué M. Masse d'avoir su, en traitant un sujet grec, éviter les vieilles traditions des disciples de David et la convention plus moderne des pompéistes. Nous devons à M. Abel un éloge analogue. Il a eu le bon sens de mettre de côté toute leçon d'école, et de peindre et de dessiner à la fois. Méry raconte quelque part l'embarras d'un savant absorbé à de grandes recherches, et qui ne peut rencontrer quelqu'un sans qu'on le somme de déclarer s'il est pour ou contre le ministère. Les peintres consciencieux ont dû souffrir aussi de cette sotte interrogation : Etes-vous pour la couleur ou la ligne? M. Abel a répondu, dans son tableau des *Saintes femmes au calvaire*, qu'il était pour les deux, et nous l'en félicitons.

Dans un cadre de moyenne grandeur, les trois femmes, drapées habilement, descendent du Calvaire. Le ciel est en feu, c'est l'heure où le voile du temple se brise, comme l'a prédit le prophète. La nature partage la douleur de la Madeleine.

M. Abel a fait un bon tableau, mais nous pensons qu'il trouvera, dans la peinture d'histoire, de plus sérieuses occasions de déployer son talent que dans la peinture de religion, qui, par la nature de ses sujets, impose certaines conventions lourdes à porter pour un artiste qui cherche la vérité.

Comme M. Abel, M. Ciappori fait de la peinture religieuse. Seulement, au lieu de raconter la légende sur la toile, il a recours, pour traduire l'idée chrétienne, au symbolisme allemand de Cornelius et de Kaulbach. Nous ne soulèverons pas ici la grave question de savoir jusqu'à quel point la peinture peut exprimer des idées morales. Examinons simplement l'œuvre de M. Ciappori qui s'intitule le *Triomphe de l'Évangile*, carton d'une histoire symbolique de l'humanité. Cette tâche gigantesque d'écrire sur la toile l'histoire des sociétés a été entreprise et terminée de nos jours par un artiste distingué, M. Chenavard, aidé du regrettable Papéty. Malgré ses admirables qualités, leur œuvre n'est pas tellement parfaite qu'on ne puisse la recommencer. Il y a d'ailleurs tant de façons de comprendre l'histoire de l'humanité que chaque artiste peut y exercer son génie. Tel fait qui ne sera rien pour l'un, acquerra une immense importance aux yeux de l'autre. M. Ciappori a choisi une page de l'humanité que tout homme a lue et relue, quoique mal la plupart du temps : nous voulons dire le triomphe du catholicisme. C'est ainsi, selon nous, qu'il eût dû intituler son carton, car le triomhe de l'Évangile n'est point encore de l'histoire. Il est dans l'avenir et non dans le passé. Je n'en veux pour preuve que les soixante mille lecteurs de M. Veuillot.— Il est encore un reproche que l'on pourrait faire à M. Ciappori, au point de vue de la vérité philosophique : il a raconté le triomphe du catholicisme en apologiste plutôt qu'en historien. Plus qu'un autre, peut-être, nous aimons et admirons la religion chrétienne, et rendons justice aux services rendus par elle ; mais nous voyons aussi les excès auxquels ont entraîné les idées catholiques lors de leur triomphe. L'abaissement de la dignité humaine, qui s'annihile par l'humilité et oublie l'orgueil, la plus belle prière de l'homme à Dieu, le grand hymne de reconnaissance, n'est-il pas un des résultats du triomphe excessif du catholicisme? Ne fallait-il pas, pour être juste, montrer les devoirs de famille et les devoirs de citoyen sacrifiés à l'idée de la contemplation extatique, état maladif de l'âme préconisé par les pères de l'église, et qui a pour résultat les catalepsies douteuses de sainte Thérèse? Ne fallait-il pas montrer le catholicisme iconoclaste brisant les images sacrées des Vénus païennes, et, ennemi acharné de l'art, déclarant par la bouche de Tertullien, que Jésus était hideusement laid et que la beauté physique n'est rien? Doctrine impie qui supprime la moitié de Dieu ! Ne fallait-il pas le montrer, après avoir dévasté l'Asie et la Grèce, mutilé les temples, deshonoré les bois sacrés, jeté les statues dorées au fond des ravins, s'attaquant enfin à l'homme et devenant persécuteur sitôt qu'il a cessé d'être persécuté? Le char qui porte les apôtres dans le carton de M. Ciappori et qui marche triomphalement sur le monde, a déchiré de ses roues le corps meurtri d'Hypatia, de la jeune femme belle et savante, de la Platonicienne aimée de toute l'école intelligente d'Alexandrie, de la martyre que la populace chrétienne, excitée par son évêque, a déchirée dans la rue?

Laissons ce côté de l'histoire, que des considérations étrangères ont, peut-être, forcé M. Ciappori à oublier, et voyons son œuvre en elle-même.

Le ciel est ouvert : le Père, le Fils, l'Esprit, trônent sur les nuages. Les anges les adorent, les séraphins inclinent leurs fronts voilés de leurs longues ailes. C'est le ciel catholique traditionnel. Au centre de la composition, un char immense est traîné par les animaux apocalyptiques. Les apôtres y sont debout. Nous n'aimons ni leur groupement, ni la façon froide et obscure dont ils sont personnifiés. En avant du char, des anges tiennent une large banderole où se trouve écrit un précepte que nous louons M. Ciappori d'avoir choisi entre tous : « Aimez-vous les uns les autres. » —

D'autres anges portent le calice et la lampe symbolique de la foi et de l'amour divin. A gauche, les idoles, — hélas, la Vénus de Milo, peut-être, — gisent renversées. La foule salue le char.

Disons tout de suite que le dessin est élégant et correct. Mais ce n'est plus au côté plastique que l'esprit s'attache dans un tel sujet. C'est la composition, l'idée qu'il recherche, et nous ne pouvons que blâmer, à ce point de vue, l'œuvre de M. Ciappori. Il nous semble que son tableau eût gagné à être plus humain et moins mystique. Les figures hiératiques nous importent peu à côté des figures humaines. Le grand mot de *fraternité*, voilà ce qui nous eût touché, voilà ce que nous aimons en cette religion qui n'a pas encore prononcé celui de *liberté*, mais qui n'est pas moins grande, si l'on songe à l'époque de son éclosion. L'esclave égal au maître devant Dieu, voilà une grande vérité évangélique, que l'on a si admirablement étendue, depuis, en le faisant égal devant l'homme, devant la loi.

Si nous avions eu besoin d'un exemple de l'égoïsme et de l'abaissement où arrivent ceux qui s'isolent de l'humanité et cherchent Dieu hors du monde vivant, M. Cartier nous l'eût donné. Nous ne savons rien de si triste que le petit tableau qu'il expose sous le titre : *Un moine en méditation*. Cette toile, d'un dessin et d'une couleur très-recommandables, nous a rappelé ces statues que l'on rencontre sur les porches des églises gothiques. Les mains jointes avec une raideur extatique, éclairé par une lumière jaune, un moine à la face belle, mais au regard éteint par la discipline, qui frappe l'âme plus que le corps, prie pour ses frères, au lieu de les aider de ses bras ou de son génie. Que l'on abaisse le capuchon de laine de ce moine, et l'on aura, à la fois, une statuette connue qui a peut-être inspiré M. Cartier, et la plus désolante image de la vie monacale, de la vie en dehors de l'humanité.

M. Bouquet expose, cette année, un *Baptême du Christ*, tableau commandé par le Ministère d'Etat. C'est dire qu'il a dû se tenir dans la convention, et que nous ne pouvons louer que la couleur et le dessin, les qualités de composition et d'idées étant nécessairement entravées par la destination de l'œuvre. Aussi, nous lui préférons un tableau de genre du même auteur, *Parrain et Marraine*. Une gaillarde nourrice de campagne tient sur ses genoux et fait sauter un bambin tout nouvellement débarbouillé. Une gracieuse femme, vêtue du costume Louis XV, se penche curieusement et fait plier sa jolie taille emprisonnée dans une robe de soie rose, heureusement peinte. Le parrain, appuyé sur la haute canne des gentilshommes, regarde, en souriant, d'un air joyeux, la scène qu'il a devant lui. Nous faisons comme lui, et nous applaudissons à ce poème intime, tranquille, heureux.

M. Lafon, — *Causerie*, — nous initie aussi à un intérieur. Mais nous préférons, à sa peinture trop cherchée, trop précieuse, la peinture plus large de M. Bouquet. M. Lafon peint comme un miniaturiste. Le genre une fois admis, hâtons-nous de dire qu'il y excelle.

M. Billet nous transporte bien loin, et nous montre de jeunes femmes arméniennes à la fontaine. La vie populaire orientale est auprès de la source d'eau. C'est là que l'on se voit, que l'on se bat, que l'on s'aime. Depuis les temps bibliques jusqu'à nos jours, c'est là que Jacob rencontre Rachel. Le tableau de M. Billet a de réelles qualités de composition. Ses jeunes filles sont bien groupées, bien coquettes, bien curieuses. Sur le premier plan, des enfants mettent à flot, dans une mare, une flotille improvisée. Malheureusement, un dessin lourd parfois et une préoccupation presque constante des empâtements de Decamps et de ses colorations rousses entravent le talent de M. Billet, qui fera bien d'oublier, une fois pour toutes, les enfants turcs exposés en 1855.

Ils sont bien roses, bien joufflus, bien couverts d'étoffes riantes à l'œil, les gamins de M. Billet. Nous leur préférons cependant les *Hirondelles d'hiver*, les *Savoyards*, que nous représente M. Reynaud. Voilà Paris, au bout de cette plaine neigeuse. Les pauvres exilés se sont arrêtés et regardent la grande ville, où la douleur les attend plus que la joie. Aussi j'en vois deux qui s'embrassent bien tristement.. Mais, qui sait? l'ambition a peut-être mordu ces jeunes cœurs. « Allons faire fortune, se sont-ils dit, et nous achèterons, au retour, une maison en pierre et un champ. » Voilà pourquoi celui-là porte péniblement un orgue, qui retentira joyeusement pendant les soirées d'hiver, et qui fera la jeune fille rougir son bras au froid pour jeter un sou au mendiant. Cet autre a la vielle; celui-ci le tambour et les marionnettes qu'agitera son soulier ferré; cet autre, enfin, couché sur la terre froide, regarde son chien, triste sous les haillons de saltimbanque, grotesque et souffreteux acteur des drames de la rue. Cette toile, simple, vraie, porte une émotion douce et triste en elle; c'est un bon conseil pour les riches que cette poétique représentation de la misère, qui, hideuse chez l'homme, emprunte à l'enfant un peu de grâce et presque de la gaîté !

M. Beaume est bien loin de la réalité, de la vie. Il nous montre, sous le titre *Saison des fleurs*, des jeunes filles aux bras longs et mal attachés, qui jouent dans un paysage aux fonds bleuâtres. Il appelle le *Rêve d'automne* trois enfants se balançant sur l'eau. Nous ne comprenons guère ce titre. L'automne, c'est la terre couverte de fruits, c'est la vendange, c'est la saison d'allégresse du paysan. Rien de tout cela dans la toile de M. Beaume, qui a les qualités et les défauts de la peinture décorative. Nous préférons la *Lessive*, la *Famille italienne*, et surtout le *Bonheur de l'avare*. Cette dernière toile est bien peinte. Sur un riche fauteuil, vêtu élégamment, un homme compte son or et lit ses livres. Le rayon de soleil traditionnel vient éclairer sa figure. Mais ce portrait, cette épée de gentilhomme à la large garde, que je vois au mur, que font-ils là? C'est un intérieur, mais ce n'est pas celui d'un avare.

Après un coup-d'œil sur ces quelques pages, nous pensons que nos lecteurs diront avec nous : il y des artistes marseillais, mais il n'y a pas d'école marseillaise. A qui la faute? A notre municipalité? Certes, non ; mais bien au milieu anti-artistique dans lequel le peintre est forcé de vivre à Marseille. Là où est Come de Médicis, arrive Michel-Ange ; là où est Fouquet, accourt le Puget. Sont-ils à Marseille, ces intelligents protecteurs des arts ? Nous en doutons.

L'OEUVRE D'ARY SCHEFFER.

Un critique a appelé la visite à l'Exposition des œuvres d'Ary Scheffer un *pélerinage*, et certes le mot est vrai et bien choisi.

C'est avec une profonde émotion que l'on entre dans ces salons, où toute la vie laborieuse d'un peintre, mort prématurément, se représente aux yeux. C'est avec religion que l'on s'introduit dans ce sanctuaire de la pensée incarnée. Ary Scheffer, par sa vie privée, s'était conquis, avec de précieuses amitiés, l'estime de tous. Nous sommes heureux, avant d'apprécier l'artiste, d'avoir à nous incliner devant l'homme.

De 1819 à 1858, on peut suivre pas à pas les travaux de Scheffer. A peine quelques lacunes, expliquées par la maladie ou les préoccupations politiques : espaces douloureux où l'artiste abandonne son atelier, et que nous aimons à trouver dans sa vie. On sait le long repos que prit Michel-Ange vers le milieu de sa carrière, temps employé mystérieusement à la douleur ou à l'amour. Les égoïstes ou les monomanes sont seuls sans ces défaillances qui élèvent au lieu d'abattre.

Scheffer n'a pas été un grand peintre; mais c'est sûrement un grand poète. Plus que le tempérament de l'artiste, il avait l'intelligence du philosophe. Ses qualités et son impuissance relative pour les choses plastiques sont suffisamment écrites sur son portrait peint par lui-même. Le front élevé, entouré de cheveux bien plantés, est puissamment modelé. L'œil bleu est doux et triste. Toute la partie supérieure de la figure est belle, énergique. Le bas du visage seul manque de pureté et surtout de force dans les lignes. Les facultés de l'intelligence sont plus développées que les instincts de la forme.

Scheffer est un artiste spiritualiste, et ce n'est certes pas le tempérament qui fait les grands peintres. Il ne faut cependant rien exagérer. Son dessin est d'une pureté et d'une science exquises; de là sans doute le charme que les gravures de ses œuvres ont à un plus haut degré que les originaux eux-mêmes. Sa composition, philosophique plutôt que pittoresque, est pourtant plus que suffisante en général. La couleur seule est souvent triste et lourde. Ses premiers tableaux, qui ne sont pas sans quelque analogie avec Knauss, péchent par une facture trop léchée : le blaireau a mille fois passé sur chaque détail. Puis l'influence de Delacroix se fait sentir. *Les Femmes Souliotes* sont le chef-d'œuvre de cette manière. Après Delacroix, c'est Rembrandt qui s'impose à Scheffer, toujours préoccupé de la couleur : *le Larmoyeur* est dans le style du célèbre maître Hollandais. Ses dernières œuvres, enfin, nous le montrent préoccupé de la couleur sèche de Delaroche, — dans certains tableaux, tels que *Marguerite à la fontaine*, — tandis qu'il est lui-même et par conséquent supérieur dans *Lia et Rachel*, toile de tons chauds et harmoniques.

Scheffer a fait beaucoup de portraits. Il les a presque tous peints avec amour, car ce sont, le plus souvent, ceux de sa famille ou de ses amis. Pourtant il n'excelle pas en ce genre. Le portrait est souvent une sorte d'improvisation. Il faut saisir la vie sur le modèle, et la jeter d'un coup sur la toile. Les chairs du visage ont des colorations multiples, changeantes, qui demandent une palette riche et puissante ; nous pensons que Scheffer, talent réfléchi, — avait peu de cette force nécessaire. Il y a pourtant, parmi ses portraits, un chef-d'œuvre, celui de Mme Scheffer. C'est une femme âgée, pâle, maigre. La tête, petite, un peu osseuse, est éclairée par des yeux bleus, d'une infinie douceur. Ce qu'il y a, dans cette toile, d'amour et de vénération est impossible à dire. C'est un poème de famille. — Un autre tableau nous montre l'aïeule bénissant de ses mains blanches et fines sous leurs rides, ses deux petites filles. Les enfants la regardent avec cet air craintif et tendre qu'inspire la vieillesse aux enfants de huit ans, qui ne peuvent la concevoir qu'à peine.

Les portraits de Scheffer sont presque tous ceux de personnages connus. Nous ne ferons que citer ceux de Franklin, de MM. Odilon-Barrot, duc d'Elchingen, Cavaignac, et ceux de Mmes Fitz-James, Heine, Guizot. Ils ont les qualités et les défauts de l'auteur ; un dessin correct, et une peinture un peu claire et crue. Car Scheffer, qui s'est si souvent inspiré de Rembrandt, l'oublie dans ses portraits, d'un caractère sculptural. Une des œuvres les plus remarquables de sa jeunesse est le portrait en pied de la Fayette. Dans une toile immense, l'honnête général se carre avec une bourgeoise bonhommie dans une redingote à la propriétaire. Cravate blanche, faux-col, la canne et le chapeau à la main, il a l'allure pacifique d'un bonnetier. C'est bien l'homme tel qu'il a dû être. Lafayette est un de ces esprits qui commencent les révolutions sans trop prévoir leurs conséquences ; cœurs généreux, mais cerveaux étroits, ils font éternellement entre leur nature et la raison de dangereux compromis. Béranger est un de ces hommes. Honnête, mais sans grandeur dans l'âme, ce poète si célèbre n'a jamais songé qu'à faire de l'opposition à Charles X, et n'a pas vu où il conduisait l'esprit de la France, en chantant le *Vieux Drapeau*. Épris de sa popularité, il n'a pas osé se l'aliéner en allant plus loin que le peuple et en devançant son époque. Il a flatté le chauvinisme en politique, le libertinage en amour, le voltairianisme en philosophie. Il a préféré aux sifflets qui accueillent les novateurs, les applaudissements qui saluent le poète lorsqu'il s'inspire du présent au lieu de chercher l'avenir. Aussi cette immense renommée, que les jeunes hommes ne comprennent pas, diminue à mesure que le temps marche et que l'idée oubliée du libéralisme fait place à une notion plus élevée de la liberté. Scheffer a bien rendu l'aspect de Béranger, quoique le coloris rubicond des chairs soit assez malheureux. — Nous préférons mille fois la belle esquisse de M. Couture.

Le portrait de Franz Listz est curieux. Le célèbre pianiste, jeune encore, a un air de ressemblance assez singulier avec Bonaparte. Ce tableau rappelle celui de David.

Un autre roi de la musique, Rossini, a servi également de modèle à Scheffer. Son portrait offre avec le précédent un absolu contraste. Tandis que Listz, avec un peu de prétention, semble attendre et appeler l'inspiration, Rossini a simplement l'air d'un gourmet qui digère, spirituel, gai, égoïste, et fort peu poète.

Le portrait de Lamennais est une œuvre étudiée, cherchée. L'auteur des *Paroles d'un croyant* revit bien dans cette toile : Petit, le front plissé de rides, la bouche un peu avachie, l'œil triste.

Manin, le grand citoyen, est un des portraits de Scheffer le plus largement exécuté. Le portrait de Mme Standish mérite le même éloge. Celui de la princesse Marie de Weimar est presque une composition. La jeune femme, brune et belle, drapée à l'antique dans un vêtement bleu, a l'air d'une muse.

Scheffer, si profondément personnel dans la composition de ses œuvres, a subi, quant au procédé, sous des influences multiples. Rien de plus curieux que de voir signés du même nom les *Femmes souliotes* et la *Tentation du Christ*. Une petite toile de 1829, *Portrait de jeune homme* nous le montre sous un aspect singulier et qui fait contraste avec la généralité de ses tableaux. La lumière court sur cette tête, gaie et riante, grassement peinte avec de solides empâtements.

Si Scheffer eût suivi cette voie, il se serait élevé bien haut : car le coloris seul manque à la plupart de ses œuvres. Mais il a abandonné cette manière, préoccupé par la ligne et l'attitude ; aussi, pour nous, c'est un grand sculpteur plus qu'un peintre. La simplicité de la composition, la recherche philosophique, la pureté du dessin sont surtout les qualités que demande la sculpture. Scheffer les avait au plus haut degré. Il l'a montré dans le tombeau de Mme *Scheffer*. Couchée sur le dos, les mains ouvertes à la façon des saintes gothiques endormies sur leurs tombes, la tête reposant sur un coussin, la mère de Scheffer a gardé, sculptée en marbre, l'expression et la vie qu'elle a sur la toile. Le procédé n'est pas irréprochable, sans doute : les grandes masses font défaut ; mais, pour un artiste qui n'a fait qu'accidentellement de la sculpture, c'est un chef-d'œuvre.

Scheffer, cédant à l'entraînement de l'époque, exécuta quelques tableaux de chevalet sur des motifs patriotiques. Ces toiles, fort appréciées au moment de leur apparition, ne nous émeuvent guère. Dessinées avec pureté, elles sont d'une coloration rousse désagréable, qui n'a jamais bien abandonné Scheffer. Dans un champ désolé, la *Veuve du soldat* regagne sa chaumière. Elle porte un de ses enfants sur le dos. L'aîné marche devant elle, avec un léger bagage que soutient sur son épaule le sabre paternel. C'est le triomphe du style poncif de l'Empire. Scheffer s'en dégagea bien vite, et un tableau de sujet analogue se distingue par une composition savante, et par une allure plus vraie. C'est l'épisode de la *Retraite d'Alsace :* une femme à cheval, entourée d'une couverture, ouvre la marche ; des charrettes, pleines de blessés et de meubles entassés, la suivent. Cette troupe, soutenue par quelques soldats et quelques paysans armés, s'engage dans un défilé et abandonne, les larmes aux yeux, le village incendié où l'on distingue les habits blancs des Prussiens.

La *Tempête* et la *Famille du marin* ne sont qu'un même sujet. La seconde de ces toiles est remarquable. Sur des rochers battus par la mer, une femme, d'un profil grec pur et énergique, l'œil dilaté par la terreur, tenant son enfant avec elle, aperçoit au loin un navire en perdition. La passion est bien écrite sur cette physionomie pâlie d'inquiétude. La mer et les rochers seuls laissent à désirer. et Scheffer, excepté quelques horizons bien traités dans *Lia et Jacob*, les tableaux de la même manière, manque de vérité dans le paysage.

On connaît les vers de Béranger :

> Dans le palais et sous le chaume,
> Moi, dit la sœur, j'ai de mes mains
> Distillé le miel et le baume
> Sur les souffrances des humains.

Scheffer a illustré cette chanson : il a montré la sœur de charité, *distillant le baume sous le chaume*, comme dit en français de mauvais goût le poète populaire : nous ne parlons que pour mémoire de cette vignette.

Un tableau de genre vraiment distingué est le *Baptême*. Parrain et marraine, enfants courant devant l'église, tout est spirituel, joli, bien composé. Malheureusement, des tons bleus et blanchâtres, trop souvent employés par les peintres modernes, déparent ce paysage.

Ce n'est guère que dans ses tableaux consacrés à la Grèce que le talent de Scheffer devient viril. L'imitation de Delacroix est évidente. Mais elle est large et heureuse. En 1826, l'Europe, qui, depuis, a eu de singuliers élans de tendresse vers les barbares turcs, — était philhellène. Missolonghi, défendue par Marcos Botzaris, illustrée par le mot de Byron, avait enfin été prise. Noto Botzaris s'était fait sauter avec la garnison au moment où les Turcs envahissaient la brèche. Cet épisode fait le sujet du tableau de Scheffer. Vêtu du riche costume des Albanais, le héros approche la lance enflammée qui doit communiquer le feu aux poudres. Sa figure est calme. La vengeance le console de la mort. Il songe aux nombreux ennemis que l'on entrevoit au fond du tableau, et qu'il entraînera dans sa perte. La bannière sainte est déployée. Une vieille femme fixe avec deux yeux pleins de foi le symbole glorieux, la croix latine. L'évêque, vêtu de sa robe violette bénit les martyrs. Une jeune fille demi-nue se tord de douleur et semble craindre la mort, qu'elle préfère pourtant à la honte.

A cette composition pathétique et d'une bonne couleur, nous préférons les *Femmes souliotes*. Ce drame, antérieur à la guerre de l'indépendance, est un des beaux épisodes de cette Grèce si féconde en exploits éclatants. Les habitants de Souli, écrasés par Ali-Teleben, luttent au pied de leur montagne. Les femmes, réfugiées sur les rochers, attendent que tout espoir soit perdu, pour se précipiter dans le ravin. La douleur, l'enthousiasme, tous les sentiments violents sont habilement traités. La jeune fille demi-nue, drapée d'une robe jaune, qui se tord sur la terre, les mains jointes, est un morceau du plus grand mérite.

Scheffer aimait les grands dévoûments. Après avoir partagé l'admiration de ses contemporains pour la Grèce, il a porté son esprit vers la Suisse, cette autre contrée montagneuse et libre. Sa *Bataille de Morat* est, sinon un bon tableau, du moins une très-intéressante tentative. A droite, séparé de l'ennemi par un ravin, le duc de Bourgogne, fièrement à cheval, casque en tête, dirige ses chevaliers. Vis-à-vis, sur une hauteur, les Suisses sont à genoux. Les sonneurs de trompe d'Uri et d'Unterwalden ont déposé leurs cornes de taureau et joignent les mains au premier rang. « Cette canaille demande grâce, dit le duc. » Non. Seulement Hans de Hallewyl a parlé; il a rappelé aux confédérés la victoire de Granson et la bravoure de leurs pères. « Vous êtes vaillants comme eux, a-t-il dit, et Dieu sera aussi avec nous. Pour qu'il nous accorde cette grâce, à genoux, mes amis, et faisons notre prière! » Le soleil se dégage des nuages et fait reluire les armes. La bataille va commencer; déjà Dieu a prononcé son jugement, car il est toujours avec ceux qui savent vouloir être libres. — Ce tableau, malgré ses fonds bleus, est d'une composition irréprochable. Il y a, de plus, une certaine fougue, que nous retrouvons dans l'*Esquisse d'Henri IV*.

A partir de 1829, Scheffer semble s'absorber presque exclusivemens dans l'étude de la littérature étrangère. Abandonnant l'histoire, il puise ses inspirations à la divine source du Dante; il demande ses sujets aux grands esprits, Gœthe et Scheffer, ou à ce maladif et séduisant Byron. Mais il n'en fréquente pas moins assidûment la Bible et les Evangiles, et cette lecture, combinée à l'influence des Allemands, le conduit au symbolisme, dont quelques-uns de ses tableaux offrent un remarquable modèle.

L'obscure ballade de Bürger, *Lénore*, a mal inspiré Scheffer. D'ailleurs, malgré quelques-unes de ses œuvres, son génie aimait peu les brouillards allemands. C'est ainsi qu'il a dégagé Faust de cette auréole mystique que Gœthe lui a donnée. — Lénore a couru avec la foule au devant de son fiancé, qui ne doit pas revenir de la guerre. « Oh! mère, mère, tout est fini! Que le monde et tout disparaissent! Dieu n'a pas eu compassion. Oh! malheur, malheur à moi, infortunée! » Cette scène est médiocrement interprétée. Nous préférons la course infernale de Lénore en croupe du fiancé. Cette seconde composition, déparée par une couleur bitumineuse, n'est pas sans entrain. C'est une esquisse plus qu'un tableau. Le cheval galope. Visière baissée, le chevalier le pousse et l'excite : une flamme rouge sort de ses yeux. Lénore, demi-nue, enlacée à son bras, est emportée dans sa course folle. C'est la seule figure achevée, et de malheureuses touches rouges la déparent. Derrière elle, un personnage fantastique, qui n'est pas sans analogie avec Méphisto, se traîne à la façon d'un faucheux. Un moine-fantôme se dresse sur la route. Mille démons se perdent dans le brouillard. « As-tu peur, ma bien-aimée? La lune brille! Hourrah! Les morts vont vite! As-tu peur des morts, ma bien-aimée? »

Gœthe a tout embrassé dans la vaste épopée de Faust. Il va du moyen-âge au passé, des sorcières vaporeuses du Broken à Hélèna, sculptée en marbre. Scheffer a saisi et traduit le côté français du gigantesque poème, nous voulons dire les figures humaines, passionnées, vraies. Il a appliqué son talent à la tragédie de Marguerite, et quand il s'occupe de Faust, il le transforme et le crée à nouveau par son interprétation plus personnelle qu'exacte.

De 1830 à 1858, il a composé environ douze tableaux de premier ordre sur le sujet favori de ses rêves. Sept sont exposés, et parmi eux la *Marguerite au rouet*, le chef-d'œuvre.

La conception philosophique de Gœthe est intimement liée à la légende. Son Faust, création moderne, frère de Manfred, est si profondément enté sur le vieux docteur populaire, qu'il se confond avec lui. Scheffer a fait pour Faust ce que Mozart a fait pour Don Juan. Il a dégagé le type. Plus de laboratoire mystérieux, de signes cabalistiques, de démons enfermés par le microcosme, mais un homme jeune, sachant tout ce que l'humanité sait et se trouvant bien petit en face de la nature, cherchant l'amour, cherchant Dieu, même par le crime; frère de Don Juan, pardonné comme lui. Dieu aime les esprits inquiets qui vont à lui plus que les âmes résignées et lâches qui l'attendent.

On peut suivre sur les toiles de Scheffer toute la première partie de Faust. Le voilà dans son cabinet de travail, la nuit. Au lieu du vieil alchimiste courbé, Scheffer vous montre un homme encore jeune, beau, l'œil rougi par la veille, les cheveux çà et là blanchis par l'étude. Sa science ne lui a pas révélé les secrets qu'il veut connaître. « J'ai étudié, hélas! avec de pénibles efforts, la philosophie, la jurisprudence, la médecine, et malheureusement aussi la théologie! Me voilà maintenant, pauvre fou! aussi sage qu'avant. Je crois que nous ne pouvons rien savoir, et cela me consume le cœur! »

Le secret de l'absolu, que l'on ne peut trouver sur terre, il va le demander à la mort. Que risque-t-il? Là toute-science, si l'âme existe; l'éternel repos, si elle n'est pas. Il prend en main la riche coupe ciselée de ses aïeux : il y verse le poison. Son œil, plus rougi encore, la regarde avec amour, avec colère à la fois. Collé contre le mur, dans l'ombre, Méphisto se réjouit d'avance; il va mourir, le docteur fidèle serviteur de Dieu!

C'est le matin. C'est Pâques-Fleuries. La cloche sonne ses accords religieux. Les anges chantent au ciel l'*Alleluia*. « Chœurs, chantez-vous déjà le chant de consolation?... Mes larmes ont coulé; la terre me possède de nouveau. »

Ce bonheur, que la science lui a refusé, Faust va le demander à l'amour, à la vie. Il signe le pacte avec le démon, qui lui rend son cœur et ses sens de vingt ans. Scheffer nous montre *Marguerite sortant de l'église*, et le docteur l'apercevant pour la première fois. La figure de Marguerite ne nous satisfait pas. Scheffer l'a longtemps cherchée. C'est que la jeune fille n'est pas un de ces types violents et bien arrêtés qui s'imposent du premier coup. Tout son charme est dans sa naïveté, sa grâce. Les détails dont Gœthe l'a entourée dans le poème la rendent intéressante tout d'abord. Le peintre n'avait pas cette ressource. Il n'a fait qu'une belle fille, un peu niaise, qui descend les marches de l'église avec une innocence prétentieuse. Un enfant tient son livre d'heures. Les bourgeois se pressent derrière elle, sous le porche. Faust et Méphisto l'aperçoivent, et le mauvais esprit regarde avec complaisance dame Marthe, l'entremetteuse, figure secondaire traitée avec énergie.

Faust s'est écrié : « Par le ciel, cette enfant est belle! il y a de quoi enthousiasmer! » Fidèle à son traité, Méphisto le corrupteur a déjà commencé son œuvre. Dans sa chaumière, dame Marthe, largement carrée dans son fauteuil, regarde la jeune fille essayer les bijoux séducteurs. Vêtue d'une robe rouge, Marguerite, avec une joie d'enfant, fait luire les perles du collier. « Qui donc a pu apporter ces coffrets devant elle? » Au fond du tableau Méphisto rit de son mauvais rire, et Faust, ivre d'amour, contemple sa bien-aimée.

La gravure a popularisé la *Promenade*, qui n'est pas exposée. C'est une des plus belles pages de Scheffer, qui excelle dans les compositions simples et tranquilles. Son talent s'effraie des sujets vastes, mouvementés. Ses meilleures toiles ont deux personnages. Aussi, sa *Marguerite à l'église* est-elle une œuvre faible. A genoux, collant sa tête bleuie contre le prie-Dieu, la jeune femme, qui a laissé tomber son livre, entend avec effroi la voix du démon. Une fille dans une position analogue est à côté d'elle. Les figures secondaires sont médiocrement étudiées. L'architecture et l'ornementation, malgré une certaine recherche de l'éclat dans la chasuble du prêtre qui officie, sont d'un pauvre effet. Delacroix, génie plus pittoresque que Scheffer, a mieux rendu cette scène. On aperçoit toute la cathédrale gothique. Le démon, courbé sur la criminelle, ce que Scheffer n'a osé risquer, lui crie : « Quel est ce sang sur ton seuil ? »

Scheffer a sans doute senti cette impuissance des grands effets, dans son *Faust au sabbat*. Il a sacrifié la partie fantastique, et s'est contenté de montrer Marguerite belle et écrasée de douleur, son enfant mort entre ses mains. Nous regrettons l'absence de ce tableau à l'Exposition.

Ce qu'il a raconté comme personne, c'est la triste solitude de l'abandonnée. *Marguerite au rouet* est un chef-d'œuvre. Scheffer est resté, dans cette toile, bien maître du type de la jeune fille. Les vitraux laissent pénétrer un jour douteux. Un pot de fleurs orne la fenêtre. Marguerite, blonde, les yeux célestement bleus, pose ses mains sur sa robe verte. Assise dans un grand fauteuil, elle a voulu filer ou lire, son rouet et son livre sont abandonnés. Son cœur bat vite sous sa gorgerette blanche, et elle murmure tout bas : « Là où il n'est pas, c'est la tombe pour moi; le monde m'est devenu amer. »

Marguerite est toujours amoureuse. A la fontaine, battue par les sarcasmes des jeunes filles, en butte aux regards douteux, elle répète encore : « Je suis le péché même. Pourtant, tout ce qui m'y a poussé, mon Dieu, était si beau; hélas! était-il charmant! » Cette composition de Scheffer, une de ses dernières œuvres, est d'un grand caractère. Elle ne renferme que trois personnages. Deux jeunes filles, dont une vêtue de blanc, sa cruche sur la tête, comme une canéphore antique, est un morceau d'une grande tournure. Puis, au premier plan, idéalement belle, Marguerite, qui pose sa main sur son sein, où vit le témoignage de sa faute; cette figure, chaste et passionnée à la fois, amante d'un souvenir, est une remarquable création.

Cette longue série de toiles, cette intelligente interprétation de Gœthe, suffirait à la gloire d'un peintre. Scheffer a demandé à ce poète d'autres occasions de déployer son beau talent. Après Marguerite, il a célébré Mignon. Sa couleur crue et dure, qui, si l'on en excepte les deux *Faust et Marguerite au Rouet*, rend ses toiles précédentes moins belles que les gravures, fait place, dans ces trois tableaux de Mignon, à une couleur plus harmonieuse, plus assombrie. Le type de Mignon manque peut-être un peu de caractère. Scheffer en a fait une fille charmante, une brune délicate, aux grands yeux pleins de caresses. Mais l'enfant qui dit : « La souffrance m'a éveillée trop tôt, rendez-moi jeune pour toujours : » L'enfant aux précoces amours, qui murmure la ballade : « Connais-tu le pays où le citronnier fleurit?... Là-bas, là-bas, je voudrais, oh! mon bien-aimé! aller avec toi! » a quelque chose d'exceptionnel dans l'âme, qui doit se traduire sur le visage. La Bohémienne au nom étrange, battue, rompue aux singuliers et gracieux exercices, amoureuse de son maître, et mourant de douleur à un âge où on sait peu la souffrance, devait avoir une allure plus caractérisée que cette belle enfant aux pieds nus, que l'on prendrait volontiers pour une pêcheuse de Baja.

Pourtant *Mignon aspirant au ciel et Mignon regrettant la patrie* sont deux belles toiles, que nous préférons à *Mignon et le vieux joueur de harpe*. Il n'y a pas de composition dans ce tableau. Le joueur de harpe, assis à droite, l'œil fixe, est une tête d'étude, déparée par des touches blanches sur les sourcils, procédé de lumière que Scheffer aime trop. A sa gauche, Mignon est debout, un bras autour de sa taille, une main soutenant sa tête, ainsi que *Mignon regrettant sa patrie*. Il n'y a aucune liaison entre les personnages. L'action est absente. Le texte de Gœthe indiquait cet isolement du vieillard; mais peut-être fallait-il reléguer au second plan une figure absolument passive.

Le vieux *Roi de Thulé*, est assis à sa table. Il se sent mourir. Son page, blond enfant aux cheveux dénoués et flottants, se tient derrière lui; après avoir rempli la coupe. Le vieillard, le front ridé, les sourcils énormes, la barbe blanche, énergique, mais cassé par le temps, élégant et superbe, de ses deux mains tremblantes porte à ses lèvres la coupe précieuse, par un geste magnifique et vrai. Ses yeux se remplissent de larmes. Il regarde ce souvenir d'amour, où il boit le dernier souffle de vie. A sa gauche s'étend la mer, où il va jeter sa coupe sacrée. Scheffer est rarement arrivé à une aussi belle couleur que dans le *Roi de Thulé*. C'est une toile pleine d'émotion, qui a toute la vérité et la poésie de la ballade de Gœthe.

Nous aimons moins l'*Enfant pieux* de Gœtz de Berlichingen. La mère guérie par miracle est d'un bon mouvement, mais l'enfant manque de naïveté, et l'ange est une pâle figure. Les séraphins, sans passions, êtres étranges, en dehors de l'humanité, d'une idéale beauté de lignes, ne sont, en peinture, que de froides idéalités, si on ne les inonde de lumière. Scheffer néglige cette ressource, peut-être par l'impuissance d'arriver aux grands effets de Rembrandt. Pourtant Scheffer atteint, dans le *Larmoyeur*, un puissant effet de lumière, en s'inspirant du maître Hollandais. Sous sa tente, Eberhard l'illustre, le vieux duc de Wurtemberg, s'est assis à côté du cadavre de son fils. Le jeune homme, pâle, la lèvre contractée par la mort, a son armure de bataille. Le père, absorbé en sa douleur, reste immobile, comme s'il allait mourir là. Sa tête, d'une belle facture rappelle les nobles traits du Titien. C'est, avec le *Roi de Thulé*, le plus beau masque de vieillard de l'œuvre de Scheffer, à qui l'on peut reprocher d'avoir donné à *Saint-Jean écrivant l'Apocalypse*, à *Asheverus*, au *Joueur de Harpe*, l'aspect empreint de vulgarité d'un beau modèle d'atelier.

Scheffer, qui semble avoir songé à Byron en créant le *Faust à la coupe*, s'est inspiré du Giaour et du Corsaire. Le poème du *Giaour* est simple. Il aimait une esclave d'Hassan. Le pacha a fait jeter à la mer l'infidèle, et le Giaour l'a vengée. Il se retire dans un couvent, en proie à la douleur. Sans remords, il accuse le ciel de lui avoir pris celle qu'il aimait : « Quand l'hymne ébranle le chœur, quand l'harmonie élève les louanges les plus éclatantes vers le ciel, voyez cette joue livide, cette expression glacée, mélange de défi et de désespoir. » Ces douleurs éternelles, emportées, sans mélancolie et blasphématrices ont fort été de mode depuis Byron. L'homme au regard fatal, au passé mystérieux, a défrayé bon nombre de romans et de drames. Sur cette donnée, peu humaine, peu naïve, Scheffer a composé un tableau bien peint, et d'une expression attrayante dans sa dureté. On aperçoit, au fond de la toile, les moines en prière. Seul, le Giaour, vêtu d'une robe blanche, qu'étoile une grande croix noire, le front crispé, le poing fermé sur la tête, s'appuye sur le porche. Nous aimons peu l'expression de ses traits, traduction exacte du poème de Byron, dans toute sa fausseté.

Médora, attendant Conrad au bord de la mer, n'est, pour nous, qu'une étude d'un effet médiocre. Ses grands yeux sont sans vie, et la petitesse exagérée de la bouche ôte tout caractère à sa beauté.

Le génie puissant de Dante, nature bien autrement grande que le maladif Byron, a fourni à Scheffer une belle création. La gravure a popularisé *Francesca et Paolo*. Les deux amants, percés du même coup, volent, étroitement embrassés. Le jeune homme, d'un geste heureux, relève la draperie qui le couvre à peine. Francesca se suspend à son cou et appuie sa tête sur sa poitrine. Ses longs cheveux flottent derrière elle. Elle verse des larmes abondantes qui touchent le Dante. A droite, Virgile, tête calme et païenne, et le sombre poète regardent passer dans les airs les amants infortunés. Le Florentin semble atterré par la vue de tant de douleurs. Quand, semblables à des colombes, les malheureux auront disparu à travers la foule des condamnés, il défaillira de pitié :

> E caddi, come corpo morto cade.

On a dit et l'on a même écrit que le choix des sujets importait peu au succès du peintre. Nous ne voulons, pour preuve contraire, que l'admiration qu'a inspirée Scheffer, malgré son insuffisance comme coloriste. On a beau faire, on a beau préconiser le culte exclusif du bleu de Prusse et du cobalt, on n'empêchera pas que les grands noms des poètes n'éveillent toujours une inquiète curiosité, une ardeur passionnée chez la foule. Scheffer n'a pas seulement demandé ses sujets à l'histoire. Il a fait, surtout à partir de 1840, de la peinture religieuse. Flottant entre la foi et l'histoire, il n'a pas, tout en abandonnant par certains côtés la tradition, innové à la façon d'Hébert ou de Décamps. Il a cherché des types divins à force de pureté, et, souvent, comme des peintres sans tempérament, il n'est arrivé qu'à une froide correction en traitant des sujets rebattus, où son intelligence ne trouvait pas à s'exercer. A côté de ces défaillances de son talent, on rencontre de belles pages. Dans les *Rois Mages*, une belle tête de jeune homme, bien inspirée, trop analogue peut-être au Saint-Paul. Dans l'*Annonciation aux bergers*, une vieille femme en extase, les yeux grands ouverts, pleine de foi et de terreur. Ces deux tableaux ne sont guère que des études de têtes.

Le *Christ au jardin des Oliviers*, le *Christ au roseau*, *Mater dolorosa*, l'*Ange annonçant la résurrection*, l'*Apparition de Jésus à la Madeleine*, les *Saintes femmes revenant du tombeau* ne sont pour nous que de correctes études, quoique, surtout dans les deux derniers des tableaux que nous venons de citer, l'expression de foi soit heureusement traduite.

Scheffer a été mieux inspiré par la partie historique de la vie du Christ et par les types éternellement vrais de la mère, de l'amante, de l'ami et du traître, ou, pour mieux dire, du rival.

Son *Christ enseveli* est remarquable, grâce à une belle étude de la Vierge, douloureuse mère. *Saint-Paul*, la *Madeleine* sont des têtes jeunes et passionnées. Le *Baiser de Judas*, malgré une certaine exagération de hideur, est une bonne page, qui rappelle par l'intention le Van-Dick de Madrid.

Nous aimons peu, malgré la pureté du dessin et la valeur du coloris, *Ruth et Noémie* et *Jacob et Lia*. Ce sont de belles études, avec des partis pris de profils plus sculpturaux qu'harmonieux.

Nous n'essaierons pas ici d'apprécier la symbolique en peinture. Nous ne ferons donc qu'énumérer les œuvres de Scheffer dans cette manière, celle de ses dernières années.

Le Christ, type pur, un peu chétif, spiritualiste dans sa forme, si l'on ose parler ainsi, est debout sur la montagne. A côté de lui, Satan montre du doigt les royaumes de la terre qu'il offre au Fils de Dieu pour le tenter. Satan, avec la forme d'un hercule, a la couleur brune traditionnelle et les cornes que lui a données le moyen-âge. Sans doute, Scheffer, en empruntant sa figure à l'art païen, a voulu personnifier en lui la matière que le christianisme représente comme la source de tout mal.

L'*Amour divin et l'amour terrestre* exprime la même antithèse. Mais cette fois Scheffer a été plus juste pour la matière, et l'amour terrestre écrase de sa toute beauté le spiritualisme malingre et drapé de l'amour divin. Entre la femme idéale, vêtue de bleu, sans passion, sans joie, et la femme vraie, aux grands yeux noirs, à la chevelure dorée, au franc sourire, au corps puissant, personne n'hésite, car à la création de l'esprit de l'homme on préfère instinctivement l'œuvre de Dieu.

Les *Douleurs de la terre* s'élevant vers le ciel et se transformant en espérances forment un beau bas-relief plutôt qu'un tableau. Nous retrouvons là, avec quelques figures allégoriques, Sainte-Monique, Dante, Paolo, Francesca.

Nous avons réservé pour terminer l'énumération longue déjà des œuvres que Scheffer a exposées, un chef-d'œuvre : *Saint-Augustin et Sainte-Monique*. Au bord de la mer, assis tous deux, la main dans la main, ils regardent le ciel où ils aspirent à monter bien vite. La sainte est en extase. Maigre, pâle, cette figure rappelle le portrait de madame Scheffer ; c'est le plus beau type de femme catholique que nous ayons rencontré. Saint-Augustin, toujours rhéteur, esprit puissant, mais d'un goût douteux et d'une élégance païenne, conserve ce caractère dans le tableau de Scheffer. Il est certains états maladifs de l'âme, sublimes et extra-naturels, que l'homme ne connaîtra jamais. Sainte-Monique, c'est Sainte-Thérèse sans la révolte des sens et la catalepsie où l'entraînaient les désirs inassouvis.

L'œuvre d'Ary Scheffer est loin d'être complète à l'exposition du Boulevard. Annibal, Orphée, Socrate, Ulysse, dans l'antiquité ; Saint-Louis, Jeanne-d'Arc, Charlemagne, dans notre histoire ; Pétrarque et Laure, Dante et Béatrix, Faust au sabbat, Marguerite priant, Macbeth dans le moyen-âge ; Géricault mourant, la révolution de 1830 dans les temps modernes; Jacob luttant avec l'ange, Sainte-Cécile, la Madeleine dans l'histoire religieuse, avaient servi de thème à ses compositions. Ce sont enfin le *Christ consolateur* et le *Christ rémunérateur*, éloquents plaidoyers sociaux et politiques.

La longue suite de ces travaux prouvera, nous l'espérons, que si Scheffer n'eut pas toutes les qualités du peintre ce fut du moins une intelligence élevée, honnête, poétique. Avec la plume, avec le ciseau, il eût peut-être mieux charmé l'esprit ou les yeux ; de toutes façons, il devait parler au cœur : c'est le plus grand éloge que nous puissions faire de cet artiste regretté de tous.

VELASQUEZ AU MUSÉE DE MADRID.[1]

NOTES DE VOYAGE.

J'étais allé à Madrid pour voir un ami et j'en ai trouvé deux.

Ma nouvelle connaissance s'appelle Jacques Rodriguez de Silva y Velasquez. Il est né à Séville en 1589 et mort en 1660. Mort? Non, puisque ses œuvres, aussi puissantes que si elles sortaient de l'atelier, lui font encore des amis, puisque pendant un mois j'ai passé devant ses tableaux de ces longues heures d'admiration qui sont presque des heures de prière.

Et vraiment, pour ceux qui adorent Dieu autant dans les œuvres des hommes que dans celle de la nature, le musée royal de Madrid est un temple saint, un lieu de prière.

I

L'on se tromperait étrangement si l'on croyait que le musée de Madrid n'est riche qu'en peintres espagnols; si la collection des peintres italiens et flamands n'est pas aussi complète que celle du Louvre, elle renferme, peut-être, autant de chefs-d'œuvre.

L'Espagne, maîtresse des Pays-Bas, maîtresse de Naples, a eu, pendant la longue période de sa grandeur, tout ce qu'il fallait pour attirer à elle les chefs-d'œuvre de la renaissance. Les Van-Dyck de Madrid ne le cèdent qu'à ceux de Gênes; les Teniers, au nombre de 53, coudoient fraternellement 63 Rubens de premier ordre; dix Raphaël viennent offrir les sévérités de leurs lignes à côté des Tintoret et des Titien, et l'œil va du Pasmo de Sicilia à la Salomé — à

---

[1] Extrait de la *Tribune Artistique et Littéraire du midi*.

cette peinture inouïe qu'un grand maître appelait de « la chair broyée. »

Et certes, il fallait cela pour lutter avec les deux cents toiles que les maîtres espagnols ont laissées à leur patrie, — trésor bien plus précieux que les trésors du Mexique et que ni l'incurie des rois, ni la brutalité des invasions et des guerres n'ont pu épuiser.

Nous ne connaissons en France que trois peintres espagnols : Ribeira, Velasquez, Murillo : à part le dernier, dont nous possédons quelques morceaux complets, nous ne pouvons juger les autres. Qu'avons-nous de Velasquez, par exemple ? Une tête d'étude et un petit tableau de chevalet, que certains critiques regardent comme apocryphe, à tort selon nous. Quant aux autres, nous n'en avons rien, ou à peu près. Gautier a fait — avec quelques pages distinguées, — la réputation de Goya, ce grand maître, mort chez nous, à Bordeaux, et dont nous savons à peine le nom. Nous avons un ou deux Zurbaran, le Caravage espagnol, et quelques œuvres de Moralès le divin. Mais nous ne pouvons, en France, nous rendre compte ni du talent de Alonzo Sanchez Coello — le Titien portugais, ni de celui de Juanes — deux élèves de Raphaël. Nous ne connaissons rien d'Herrera le vieux, le maître de Velasquez, et nous ne savons guère de Théocopuli el greco — un des génies les plus audacieux de la peinture — que les étrangetés de sa vie, sa folie, sa fin misérable (1). Ce serait une étude pleine de charmes que de faire revivre ces gloires, que de célébrer ces inconnus de génie. Ce serait justice de proclamer leur place à côté de leurs maîtres et de leurs élèves. Mais on a malheureusement abusé de ces sortes de trouvailles, et nous craindrions qu'on ne nous accusât de satisfaire une vanité de voyageur, et de vouloir — comme tant d'autres — rapporter de notre courte excursion un grand homme inconnu.

Nous ne nous occuperons donc que des maitres espagnols les plus en renom, Velasquez, Ribeira, Murillo et surtout du premier.

II.

Ribeira, l'Espagnolet, est né on ne sait où : à Naples disent les uns, à Jativa disent les autres. Sa vie, passée tantôt à Naples, tantôt à Madrid ou à Rome, fut une longue suite d'aventures que la tradition nous a en partie révélées. Des accusations terribles ont

---

(1) Ecrit avant les nouvelles acquisitions du Musée du Louvre.

pésé sur cet artiste sombre. Ses haines étaient terribles, ses amitiés funestes.

Murillo, au contraire, élève de Moya et de Velasquez, passa sa longue vie dans le travail et la tranquillité. Né à Séville, le pays des rêves éblouissants, il vécut quelque temps à Madrid, protégé par Velasquez, puis retourna dans son pays enchanté — et mourut, en travaillant, — d'une chute qu'il fit de son échafaudage.

Velasquez, lui, vécut de cette belle existence de Rubens et des Van-Dyck. Comblé d'honneurs par Philippe IV, pourvu de larges sinécures, il fut à la fois l'homme de cour et l'homme de travail. Ses voyages à Rome furent des triomphes. Enfant gâté de la fortune, il reçut de sa vie heureuse l'inaltérable sérénité de son talent, un peu triste parfois, jamais amer. Le bonheur le fit grand artiste.

On voit chaque jour des hommes, doués d'une exquise sensibilité, d'un grand sens artistique, et d'une organisation très-passionnée, échouer au théâtre, être froids et inertes devant le public et ne pas trouver, en jouant Ruy-Blas, l'effet qu'ils donnent tout simplement dans la vie privée à tout propos, en causant avec un ami, en s'emportant contre un adversaire. On met en général ces chutes sur le compte de la peur, de la terreur qu'inspire le roi public. Ce n'est pas là la seule cause de ses mécomptes.

Ce qui manque à ces natures privilégiées, c'est la science de régler leur inspiration, l'art difficile de modérer la personnalité sans la faire disparaître tout à fait. Il en est de même en peinture. Les hommes à tempéraments extrêmes ont des trouvailles, des traits de génie. Ils terrassent l'admiration. Mais ce ne sont presque jamais de grands artistes. Ribeira, exagérant la nature sous l'influence de son caractère triste et brutal, arrive à des violences de dessin et à une uniformité de tons fatigants. Comme les artistes malheureux, il écrit son ennui et sa colère à chaque page. Le plus hideux réalisme le charme parfois. Murillo, au contraire, se laisse emporter par la rêverie. L'œil fasciné par le soleil du sud, il couvre volontiers la toile de flots de lumière blonde, et ses œuvres arrivent parfois au vague. — C'est là sa manière la plus connue, et la plus mauvaise selon nous, la manière vaporeuse.

L'on aperçoit bien nettement la différence du tempérament de ces deux grands hommes en étudiant ce qu'ils ont pris au catholicisme dont ils représentent deux faces bien distinctes: Ribeira, comme Tertullien, Dante et Michel-Ange, en aime le côté terrible; il est par dessus tout le poète de la souffrance, du châtiment, du martyre: un seul portrait de femme dans son œuvre, la *Madeleine*

7

repentante, et c'est un ange rebelle, à l'aspect étrange ; au lieu de la blonde fille d'Orient, il a créé une femme brune, puissante, désespérée. Ce qu'il voit dans *Prométhée* comme dans *Saint-Sébastien*, c'est surtout la douleur physique, le muscle qui se tord. Mais le rayon d'espérance dans les yeux, le cri d'enthousiasme sur les lèvres, il ne l'a pas mis en ses toiles. Cette peinture nous a toujours paru être l'œuvre d'un athée qui parfois a peur.

Ce que Murillo a mis en ses tableaux, ce qu'il a pris au catholicisme, c'est ce que lui dictait Séville la cité rieuse, croyante et amoureuse à la fois : l'espoir, le pardon. La rêverie sensuelle de l'Orient est tout entière en ses œuvres ; la prière ardente de ses moines est celle de Sainte-Thérèse : ses martyrs voient trop bien les anges au ciel, les palmes vertes en main, pour sentir les pointes de fer qui déchirent leurs membres. Un mysticisme étrange donne à ses toiles si savantes et si fermement peintes, quand il ne se livre pas trop à sa nature, une poésie immense ; mais parfois, quand il s'abandonne, aussi, trop de vague, de monotonie.

Ribeira est un Marat chagrin et emporté : Murillo un saint en extase (1).

Velasquez est un homme. Il observe, il traduit en interprétant comme le génie sait le faire : joyeux — rarement avec éclat ; triste sans amertume, toujours soutenu par le bonheur qui l'entoure quand il voit le malheur un peu plus loin : il a le calme, force immense ; gentilhomme élégant, moqueur ; — quelque chose comme Molière sans la Bejart ; un peu égoïste, souriant et soupirant tour à tour, mais n'arrivant jamais au rire ni au sanglot ;—une admirable nature d'artiste, idéalisant la forme qu'il voit, mais n'ayant point le rêve au cœur.

Velasquez a soixante toiles au musée royal de Madrid : son œuvre peut se diviser ainsi :

Tableaux religieux ; — études ; — sujets mythologiques ; — paysages ; — genre historique ; — portraits.

Il a tout embrassé, on le voit.

III

Sujets de religion. — Velasquez n'est pas un peintre religieux. Pour mériter ce nom il faut, en effet, selon nous, qu'un artiste ait,

---

(1) Nous parlons ici de la plus grande partie de ses tableaux ; dans le genre (voir l'*Enfant* du Louvre) c'est un faiseur inimitable.

écoutant les révélations de la foi, interprété d'une façon personnelle une face du christianisme, ou bien, demandant ses inspirations à l'histoire, représenté le Christ, prophète, philosophe, martyr, laissant à de plus croyants le soin de célébrer le Dieu.

Michel-Ange nous a donné le Dieu qui se venge; Raphaël, la Vierge qui prie et intercède; Andrea del Sarto, génie profondément païen, a confondu, dans son adoration, Vénus et Marie, la perfection physique et la perfection morale. A Léonard de Vinci nous devons le Dieu qui pardonne à Judas. Pérugin, André de Milan, Mantégnan, sont les chantres inspirés de la foi naïve et profonde de nos pères. Le Dieu de Van-Dyck est le même que le Dieu de Léonard, Dieu de pardon et d'indulgence. Rembrandt, emporté par son tempérament aux choses tristes, a raconté la légende du Christ avec toutes ses douleurs. De nos jours, Decamps, Hébert, Delaroche, — dans quelques esquisses qui sont, selon nous, bien au-dessus de son talent habituel, — nous ont donné le prophète arabe, tandis qu'Ary-Scheffer, le peintre regretté de tous, flottant entre la foi, où se plaisait son âme rêveuse, et la philosophie qui s'emparait de sa vaste intelligence, a fait de Jésus un homme tellement grand qu'il touche au Dieu, un Dieu tellement initié à nos souffrances qu'il est homme. Admirable doctrine des deux natures, que les grands esprits de notre siècle ont eu le génie d'adopter et d'étendre à l'humanité tout entière !

Chez Velasquez, nous ne trouvons que des études, où, sans se soucier de l'idée catholique, il a déployé des qualités de dessinateur et de peintre : une *Adoration des rois mages*, de sa première manière, tableau prétentieux et où l'artiste n'arrive à un médiocre effet que par des assemblages inouïs de tons et des groupements torturés. Tout cela rappelle Pacheco, son maître. Puis une toile d'assez petite dimension, où sont réunis quelques épisodes de la vie de saint Antoine, abbé, et de saint Paul, premier ermite. Il fallait Murillo pour rendre l'extase sainte de cet homme qui, à vingt-deux ans, se retira dans la Thébaïde et y vécut près de cent ans, priant et rêvant au ciel; Velasquez a représenté le saint recevant sa nourriture d'un corbeau, merveilleux messager; puis saint Antoine appelant Saint-Paul à la porte de son ermitage, et trouvant deux lions occupés à l'ensevelir. Le paysage seul est remarquable.

Le *Couronnement de la vierge* est un morceau plus complet : le Père et le Fils, au haut du ciel, déposent une couronne sur la tête de Marie, et l'Esprit-Saint descend en elle. Les anges, au milieu des nuages, la regardent en extase. Le ton du tableau est un tour de force, et Maxime Ducamp, l'éminent critique, l'appellerait volontiers une symphonie en violet majeur.

Velasquez a encore peint, pour les moines de San-Placido, un *Christ en croix*. Sur un fond de noir d'ébène, le Christ est étendu; une draperie blanche, d'un merveilleux travail, couvre le milieu du corps; le sang dégoutte sur le bois de la croix; la couronne se détache de la tête, inclinée sur la poitrine, et que les cheveux, — que Velasquez a faits noirs, contre la tradition des peintres italiens, — recouvrent en partie. C'est une splendide étude d'anatomie, mais ce n'est que cela.

Pouvait-il rêver au Christ, l'heureux ami de Philippe IV, dans son atelier somptueux, où les infants venaient le visiter au retour de la chasse?

IV

Sujets mythologiques. — *Études.* — Nous ne parlons que pour mémoire de quelques essais malheureux que fit Velasquez, lorsqu'il voulut toucher au genre mythologique; son âme était trop empreinte des réalités de la vie pour se laisser aller, de bonne foi, aux imaginations charmantes du panthéisme païen; aussi les quelques peintures qui restent de lui dans ce genre (*Mercure et Argos, le Dieu Mars*), ne peuvent-elles être regardées que comme des tentatives faites à la hâte, et abandonnées aussitôt. Une tête de vieillard, rouge et couperosée, brossée en quelques heures, frappe par son analogie avec le portrait de vieille femme exposé par Delacroix, en 1855, et qui fit écumer les partisans de la peinture noble.

Velasquez est véritablement lui-même dans le tableau connu sous le nom des *Forges de Vulcain*. Le dieu du feu travaille à demi-nu, avec de robustes cyclopes. Apollon, un beau jeune homme blond, mais sans poésie, — vient et lui apprend l'infidélité de Vénus. Vulcain semble s'emporter en des injures sans dignité. Les qualités de lumière, de dessin sont exquises; mais Apollon est un beau soldat et Vulcain, un forgeron gallicien. Velasquez, qui sait si bien rendre l'air de grandeur et de fierté des nobles espagnols, n'a pas su, quand il a été livré à lui-même, trouver assez de noblesse pour ses héros païens. Il semblerait même qu'il ait voulu se moquer un peu de Vulcain, et lui donner la figure effarée d'un mari de vaudeville.

V

Paysages. — Nous sommes trop partisan de la liberté illimitée, en fait de critique d'art, pour ne pas donner ici notre opinion dans toute sa franchise, dût-elle paraître irrévérencieuse pour les grands maîtres des siècles passés. Les peintres de paysage modernes nous paraissent mille fois supérieurs aux anciens, à la fois par le procédé et par l'idée qui préside à la composition de leurs tableaux. Nous ne parlons pas de la marine ; le mince talent de décorateur que M. Gudin montre en ses trop nombreux tableaux disparaît devant une toile de Ruysdaël. Nous mettrons également à part Hobbema, génie étrange, exceptionnel, qui a peu fait école et qui n'est d'aucun temps. Nous parlerons surtout du Poussin et de Claude Lorrain, les deux maîtres universellement reconnus. Gellée nous donne assez bien le type du procédé de peinture des paysagistes anciens, et le Poussin, le type du procédé de composition.

Le Lorrain, — comme Canaletto, a presque toujours cherché l'effet à l'aide d'un procédé de diorama. De grandes masses ombreuses sur les premiers plans, et puis, par une large échancrure, le soleil, rose le matin, jaune le soir. Troyon, — les *Bœufs* du Luxembourg sont là pour le prouver, — Rosa Bonheur, Rousseau ont abordé la lumière avec plus de franchise et de bonne foi. S'ils ont dû abuser quelquefois des empâtements pour arriver à l'effet, nous avons, à côté d'eux, Français, qui a négligé ce procédé peut-être trop facile et qui a éclairé le *Vallon de la Népi*, sans aucun artifice. Heureuse hardiesse qui le place au premier rang !

Quant à la composition, les maîtres anciens, presque tous peintres d'histoire, ont appliqué à la nature les mêmes lois qu'à l'homme. Il ont groupé les arbres comme des personnages, ont cherché les mêmes symétries, les mêmes lignes de rappel. De là invraisemblance et froideur. Une terrible réaction est arrivée. Courbet, un homme bien moins ridicule que sa réputation, — emporté par l'amour du vrai et par un tempérament vulgaire, — a copié la nature, arbre par arbre, feuille par feuille. Là encore est l'excès.

La nature est composée dans son ensemble. Le hasard préside aux détails. Vu de vingt pas, un groupe d'arbres est toujours beau, à quelques mètres on trouve des impossibilités en peinture. Il a donc fallu composer ce que les réalistes voulaient seulement imiter ; mais en composant la nature, imitons son procédé ; respectons le désordre charmant de certains groupes incidents, et n'ayons pas, pour arranger des peupliers, la loi mathématique que l'on applique aux personnages historiques. Surtout que rien ne pose et que tout vive. Là est l'immense supériorité des modernes. Ils ont saisi la vie, ils ont compris ce qu'il y avait de mouvement dans ces arbres que les anciens regardaient comme des choses mortes. Ils n'ont plus mis les faunes et les hamadryades dans leurs tableaux : ils ont fait mieux; ils ont mis le brouillard humide montant des sillons ouverts. Ils ont montré la fleur qui craque et s'ouvre au soleil, et comme on l'a dit en parlant de Corot :

> Ce n'est pas le vent dans l'espace,
> Ce n'est pas le poids des ramiers
> Qui fait plier tes peupliers,
> C'est le soufle de Dieu qui passe !
>
> Au printemps, quand les brouillards lourds
> S'élèvent lentement des plaines,
> Toi seul as su montrer les chênes
> Enivrés d'immenses amours !

Les paysagistes modernes sont, dans leurs œuvres, panthéistes; de là leur force.

On comprendra maintenant que le plus grand éloge que nous puissions faire de Velasquez est de dire qu'il fut moderne dans ses paysages.

Il est impossible, — à moins d'imiter Gautier, et de tomber dans une ennuyeuse énumération de termes d'atelier, — de décrire des paysages. Nous nous bornerons à citer la *Vue de la dernière fontaine, à Aranjuez*, les deux tableaux désignés, à Madrid, sous le nom des *Deux Bouquets*, enfin la *Vue de l'étang du Buen retiro*. Ces toiles nous ont d'autant plus charmé que, depuis longtemps, le sable a comblé les fontaines de la résidence royale d'Aranjuez, et que ce parc d'une lieue, que les rois d'Espagne avaient dans Madrid et que l'admiration populaire avait appelé la Douce-Retraite, n'est plus qu'un désert, ou à peu près ; on se sent ému et triste à parcourir ces vestiges de grandeur bien autrement désolés que Versailles, et où l'on ne rencontre plus, au lieu des courriers qui venaient annoncer des victoires, que des mendiants en haillons. Et cependant la terre d'Espagne est encore forte et vaillante, et pourrait, comme autrefois, avoir une belle floraison de grands hommes et de grandes choses !

VI

Genre Historique. — Velasquez n'a que très-peu de tableaux de chevalet. Il serait difficile de classer certaines de ses œuvres, qui sont de l'histoire, par la dimension des toiles, et du genre par le choix du sujet, si nous n'avions l'exemple des critiques modernes qui ont donné le nom de *genre historique* à cette sorte de peinture. Le Musée de Madrid renferme quatre toiles de cette espèce, justement célèbres dans le monde entier.

Nous parlerons, d'abord, du tableau appelé *Las Meninas* (les Suivantes), et que l'on peut regarder, à cause de l'importance des détails, comme un tableau de genre, bien que presque tous les personnages soient des portraits. A la gauche du spectateur est Velasquez, assis devant son chevalet, la palette en main. Il fait le portrait de Philippe IV et de la reine, dont une glace, placée au fond de l'atelier, reproduit les traits. Velasquez paraît avoir de trente à trente-cinq ans. Il porte les cheveux longs, la moustache et la mouche, comme tous les Espagnols. Sa belle figure respire le bonheur et le calme. Au premier plan, au centre, se trouve debout, soutenue par son immense robe, la petite Infante dona Margarita-Maria de Austria ; la tête d'enfant, blonde avec des rubans roses dans les cheveux, que nous possédons au Louvre, paraît être l'étude de ce portrait. Ses suivantes l'entourent et cherchent à la faire demeurer tranquille. A droite, un levrier favori, majestueusement posé, souffre, sans mot dire, les impertinences de Marie Barbola et de Nicolatico Pertusato, les bouffons de la jeune Infante.

Ce tableau est un chef-d'œuvre de lumière. Celui des *Fileuses* est un tour de force.

Velasquez nous fait entrer dans une fabrique de tapis. Au fond, on présente à des dames en toilettes de cour, différents tapis éclatants qu'elles admirent. Au premier plan, deux femmes causent en devidant de la laine, tandis qu'un peu plus loin, une fillette, vêtue d'un jupon et d'une chemise blanche d'un effet merveilleux, carde la laine avec entrain. A la droite, deux jeunes femmes, dont une est vue de dos, travaillent la laine et causent. Tout cela est éclairé par un large rayon de soleil entrant par la gauche. La lumière court sur les tapis, sur les étoffes brillantes, envoyant de tous côtés des réflets éblouissants. Ce tableau est de ceux que l'on peut appeler symphoniques à cause de l'arrangement savant des tons et des demi-teintes. *L'entrée des Croisés à Constantinople*, ou le

Plafond d'Apollon (E. Delacroix), sont peut-être les seuls tableaux modernes qui puissent donner une idée de ces tours de force lumineux. Cependant, nous n'hésitons pas à préférer *les Suivantes* à la *Fabrique de Tapis*, où, selon nous, les règles de la composition et de l'intérêt ont été complètement sacrifiés au désir de jouer avec la lumière, et d'étonner plutôt que de charmer. Nous mettons volontiers ce tour de force avec certains raccourcis de Raphaël et certaines études de musculature de Michel-Ange, que nous n'avons jamais pu admirer. La beauté humaine n'est pas, pour nous, dans un clown qui se disloque.

La photographie a popularisé le tableau des *Buveurs*, que les espagnols désignent sous un nom plus énergique *Los Borrachos*.

Un Bacchus, — tout de fantaisie et qui n'est rien autre qu'un paysan gallicien, est à moitié nu, à cheval sur un tonneau, couronné de vigne. A ses genoux, avec l'attitude du plus profond respect, un soldat reçoit le titre de parfait buveur. Cinq autres personnages, — mendiants, soldats, paysans ou bandits? tout cela se ressemble un peu en Espagne, — sont rangés autour dans des attitudes très-pittoresques, et forment une gamme assez amusante qui va de l'homme gai à l'homme gris. Au fond, un paysage admirable. Velasquez, a déployé dans cette page de son œuvre, des qualités de composition inusitées, Il a su faire un groupe homogène et cependant varié. Tout l'intérêt se concentre sur le soldat, qui reçoit ses grades, et néanmoins chaque personnage joue un rôle, et l'œil du spectateur n'est pas brusquement ramené au centre du tableau par une de ces lignes de rappel un peu brutales que l'on a trop admirées chez Raphael.

Le dernier tableau dont il nous reste à parler, est bien un tableau d'histoire par le sujet et la manière large dont il est traité. Dans un cadre de quinze pieds, Velasquez nous a raconté la reddition de la place de Bréda. Les espagnols ont une admiration profonde pour ce tableau qui leur rappelle un glorieux souvenir. Ils l'ont placé dans une galerie à part, où l'on ne pénètre qu'en donnant une pièce au gardien, et où sont réunies quelques nudités de Rubens.

Velasquez a su par l'expression vraie des têtes, par la splendeur du paysage, donner de l'intérêt à une action assez froide en elle-même. Le marquis d'Espinola, suivi de ses officiers et de quelques gardes, reçoit des mains du gouverneur hollandais, les clés de la place. Les lances des soldats de son escorte rayent désagréablement la droite du tableau, et lui ont valu le nom de *Tableau des Lances*. Ce qui fait selon nous le principal mérite de cette œuvre, c'est l'immense paysage qui se dérole au second plan. Dans une profonde vallée, sont rangées les troupes espagnoles et flamandes. A gauche, l'on aperçoit les fortifications de Bréda.

Malgré les immenses qualités que révèlent ces quatre compositions de Velasquez, nous pensons que c'est dans le portrait que s'est déployé tout son génie observateur, et que c'est seulement là qu'il est inimitable.

VII

Portraits. — Les membres de la famille royale ne se lassaient pas de confier leurs traits au pinceau de Velasquez. Le Musée de Madrid possède six portraits de Philippe IV. Nous ne connaissons rien de plus curieux, nous ne savons aucun renseignement historique qui vaille une peinture exacte d'un homme à différents âges. La suite des portraits de François Ier, au Louvre, ne nous montre-t-elle pas mieux que les mémoires les plus fidèles, ce roi si petit, — bien qu'on en ait dit, — perdant peu à peu l'élégance qui dorait ses vices et faisait pardonner ses fautes, arrivant aux dernières limites de l'ignoble !

Les portraits de Philippe IV pourraient s'appeler le poème de l'ennui.

Velasquez nous le montre d'abord jeune, couvert d'armes étincelantes. Il est grand, maigre, dédaigneux. De longs cheveux blonds encadre sa tête pâle sans animation. Il a le nez d'un Bourbon et les lèvres grosses et autrichiennes.

Puis le voilà en chasseur, — avec l'escopette et le chien fidèle, — mais toujours ennuyé et ne trouvant pas, à ce plaisir qui enivre les jeunes gens, assez de bonheur pour étoiler d'un peu de rouge sa face pâlie. Nous le voyons ensuite à cheval, armé, le bâton de commandement en main. C'est le beau temps. D'Espinola lui gagne des provinces, et il va lutter avec la France. Enfin, — vaincu, humilié, nous le retrouvons à genoux, priant pour oublier ses défaites, mais sans foi, sans enthousiasme. Un dernier tableau nous le montre très-vieux ; ses dents blanches repoussent ses lèvres flétries ; il va mourir, songeant à ce que l'Espagne a perdu sous son triste règne.

Au moins son père, Philippe III, quand Velasquez nous le montre galopant sur un grand cheval blanc, avait-il quelque chose du gentilhomme, la moustache retroussée, les cheveux au vent. Il vivait.

Nous avons aussi à Madrid les portraits des deux femmes de Philippe IV : Isabelle de Bourbon, puis Marie-Anne d'Autriche, figures insignifiantes, pauvres femmes usées par l'étiquette des cours et que le génie de Velasquez n'a pu animer.

La tristesse de cette race se trouve chez Marie-Thérèse, la femme de Louis XIV, figure grave, un peu éclairée par la foi et la piété. C'est surtout chez Don Balthazar, l'enfant de la vieillesse de Philippe IV, qu'on lit l'inintelligence et l'ennui. Un grand tableau qui représente cet enfant de quinze ans, couvert d'ordres et chamarré d'or, galopant dans un désert, donne une idée bien vraie de la monarchie espagnole et de sa profonde décadence.

A côté de ces sombres images, resplendit la tête large, intelligente d'Olivares, le ministre de Philippe IV, l'auteur de la coalition contre Richelieu, le favori brillant qui mourut en exil. Puis un portrait que l'on dit être celui de Frédéric Barberousse, effrayant d'énergie et de férocité. Tout à côté, couverte d'une mante jaune, la femme de Velasquez, douce, intelligente : contraste étrange au milieu de ces têtes couronnées !

Lorsque l'on reconstitua le Musée de Madrid, au commencement de ce siècle, on déploya une coquetterie extrême à décorer le salon d'Isabelle. On y entassa les chefs-d'œuvre. En entrant, on remarque tout d'abord une série de portraits en pied, signés Rembrandt, Titien, Rubens, Van-Dyck, Coello, Raphael : au milieu, comme pour triompher de tous, le portrait d'Alonzo Cano, par Velasquez. Le merveilleux ouvrage, peint avec deux couleurs, blanc et noir, dut être une douce tâche à remplir pour Velasquez, fatigué des figures froides et idiotes de la cour. Il a pu, sans risquer de se tromper, écrire le génie sur le front et dans les yeux, et ce portrait d'un ami reste comme le dernier mot de son talent.

Nous avons dit, en parlant des paysages de Velasquez, qu'il était moderne. Dans le portrait d'un *Acteur*, dans les *Quatre Fous*, et surtout dans les *Deux gueux philosophes*—(*Menippe et Esope*) — il a deviné Gavarni. Nous n'essaierons pas de donner une idée de ces chefs-d'œuvre que Goya a jugés dignes de son burin ; qu'il nous suffise de dire que les fous semblent peints en lisant Triboulet et que les deux philosophes, enveloppés dans leurs manteaux troués, l'un tenant un livre, l'autre un flacon, réunissent l'observation triste et railleuse de Gavarni au talent de peintre de Velasquez.

Là est son génie : observer, comprendre. Il est homme et comprend l'homme. Si vous voulez le rêve qui fait créer l'ange, demandez à Murillo ; si vous voulez le cauchemar qui fait entrevoir le démon, interrogez Ribeira. Ce qui fait la force de Velasquez, c'est qu'il lui manque l'idéal, don dangereux qui fait la grandeur du musicien et du poète, mais qui, trop souvent, perd le peintre ; car il faut une science inouïe pour résister aux exagérations et aux mensonges du rêve.

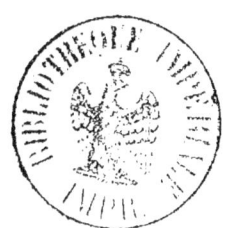

FIN.

TABLE.

—

Lettres sur le Salon de 1859.......................... Page 1
Les Artistes Marseillais au Salon de 1859...................... 61
L'Œuvre d'Ary Scheffer.................................. 81
Velasquez au Musée de Madrid........................... 95

FIN DE LA TABLE.

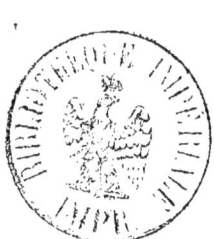

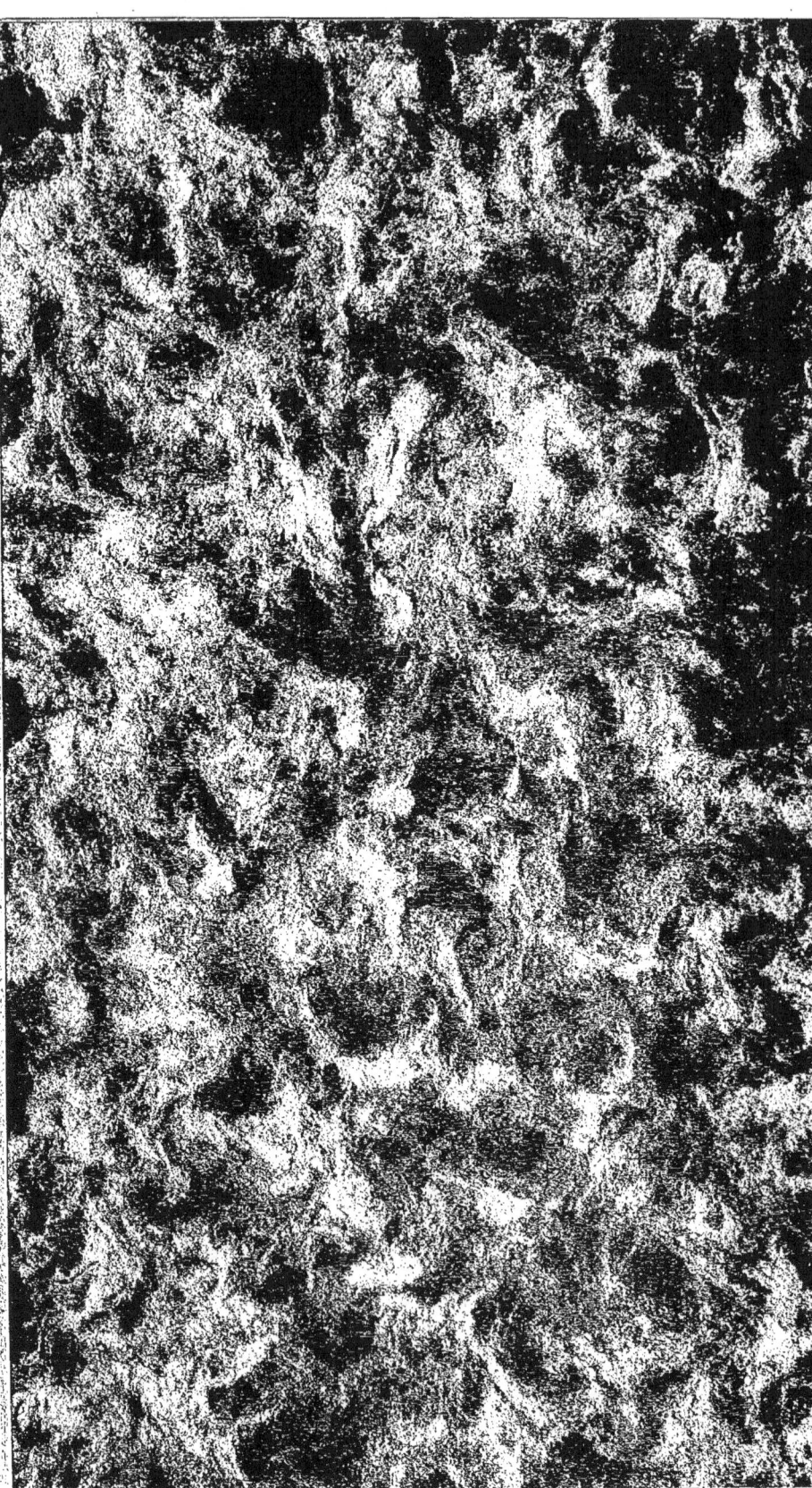

www.ingramcontent.com/pod-product-compliance
Lightning Source LLC
Chambersburg PA
CBHW070249230526
45470CB00002B/539